Couverture inférieure manquante

Original en couleur

NF Z 43-120-8

L'ÉMIGRATION DE FRANCE

PAR

LE Dr GUSTAVE LAGNEAU

MEMBRE DE L'ACADÉMIE DE MÉDECINE

PRÉSIDENT DE LA SOCIÉTÉ D'ANTHROPOLOGIE (1879)

PARIS

—

1884

L'ÉMIGRATION DE FRANCE

EXTRAIT DU COMPTE-RENDU
De l'Académie des Sciences morales et politiques
(INSTITUT DE FRANCE)
Par M. Ch. VERGÉ,
Sous la direction de M. le Secrétaire perpétuel de l'Académie.

L'ÉMIGRATION DE FRANCE

PAR

LE Dr GUSTAVE LAGNEAU

MEMBRE DE L'ACADÉMIE DE MÉDECINE

PRÉSIDENT DE LA SOCIÉTÉ D'ANTHROPOLOGIE (1872)

PARIS

1884

L'ÉMIGRATION DE FRANCE

De nombreux et importants ouvrages ont déjà été publiés en particulier par M. Jules Duval (1) et M. Leroy Beaulieu (2) sur l'émigration européenne, sur les colonies fondées par les Européens dans les diverses contrées de l'Univers. Le but que je me propose ici est moins considérable. Je ne veux m'occuper que de l'émigration de nos compatriotes, minime fraction des migrations humaines. Je veux chercher à déterminer, autant que possible, l'influence que l'émigration peut avoir sur l'état et les mouvements de notre population. L'importance, très variable, de cette émigration, ses causes et ses conséquences intéressent non-seulement le démographe, mais aussi l'homme d'État.

Dans les temps reculés de notre histoire, l'émigration revêtait le caractère de l'irruption et de l'invasion. C'est ainsi que Polybe, Strabon, Tite-Live, montrent les Gaulois, allant, sous la conduite de Bellovèse et d'Elitove, s'emparer, au-delà des Alpes, de la Haute Italie, et y constituer la Gaule cisalpine trans et cispadane (3).

(1) Jules Duval : *Histoire de l'émigration européenne, asiatique et africaine au* XIXe *siècle*, 1862.

(2) Leroy Beaulieu : *De la colonisation chez les peuples modernes*, 1874 et 1882.

(3) Polybe : *Hist.* l. II, § 17, p. 80, coll. Didot. — Strabon : l. IV, § 1 p. 162, coll. Didot. — Tite-Live, l. V, *cap.* XXXIV et XXXV.

César (1), Justin, Tite-Live nous montrent également d'autres Gaulois, particulièrement des Tectosages, allant, au delà du Rhin, se fixer près de la forêt hercynienne; émigrants, dont une partie alla jusqu'au centre de l'Asie Mineure (2).

C'est encore ainsi que Diodore de Sicile, Lucain, Appien, Martial, nous rappellent les Celtes franchissant les Pyrénées et, après de nombreux combats, s'unissant aux Ibères pour constituer au centre de l'Hispanie, l'importante nation des Celtibères (3).

Tous ces émigrants, tous ces envahisseurs conservaient parfois quelques relations d'échange, de commerce avec leurs anciens compatriotes restés en Gaule, mais n'attendaient pas protection de leur part comme nos colons actuels. Ces Celtes, ces Galates fixés en Hispanie, en Italie, en Germanie, en Asie Mineure constituaient des peuples indépendants, des nations distinctes. Il est toutefois juste de remarquer que, dans la Grande-Bretagne, où des homonymies nombreuses témoignaient de la migration d'anciennes peuplades venues des Gaules (4), des relations gouvernementales semblaient s'être maintenues entre les continentaux et les insulaires. L'ancien chef des Suessiones, Divitiac

(1) *Galli... trans Rhenum colonias mitterent. Itaque ea, quæ fertilissima sunt, Germaniæ loca circum Hercyniam silvam... Volcæ Tectosages occupaverunt atque ibi consederunt.* César : *De Bello Gallico*, l. VI, *cap.* XXIV.

(2) Justin : l. XXIV § 4, p. 495, coll. Dubochet. — Tite-Live : l. V, *cap.* XXXIV.

(3) ... Κελτοὶ μοὶ δοκοῦσι ποτέ, τὴν Πυρήνην ὑπερβάντες, αὐτοῖς συνοικῆσαι· ὅθεν ἄρα καὶ τὸ Κελτιβήρων ὄνομα ἐρρύη. Appien. De Rebus Hispaniensibus, l. VI § 2, p. 34, coll. Didot. — Diodore de Sicile, liv. V. cap. XXXIII p. 274. — Lucain : La Pharsale, chant IV vers 9 p. 64, coll. Nisard. — Martial, Epig. l. IV, ep. LV, p. 96, rec. Schneidewin. Lipsiæ. Bibliotheca Teubneriana.

(4) César : *D. Bello Gallico* : l. V, *cap.* XII.

étendait son autorité, non seulement sur une partie des Gaules, mais aussi sur une partie de la Bretagne (1).

Plus tard, sous la domination romaine, des émigrants nombreux, des commerçants se portèrent pacifiquement des Gaules en Italie et dans les diverses autres provinces de l'empire.

Au moyen-âge les croisades devinrent le motif d'émigrations nombreuses vers l'Orient. C'est au nom de la religion catholique, qui entraîna tant d'occidentaux à la conquête de la Terre Sainte, que dans notre pays se manifestèrent ces persécutions si cruelles, qui obligèrent tant de juifs, d'albigeois, de vaudois, et plus tard de protestants, lors des massacres de Béziers, de Cabrière et de Mérindol, lors de la révocation de l'édit de Nantes, et des dragonnades, à chercher dans l'émigration un abri contre l'intolérance religieuse.

Après la découverte de l'Amérique, des aventuriers, des colons s'y portèrent en grand nombre. Parmi les contrées du nouveau monde colonisées par les Européens, la Floride, la Louisiane, le Canada reçurent de nombreux émigrants français. Sous Louis XIV, Colbert s'efforca de développer notre émigration vers ce dernier pays. Les Indes orientales devinrent également le but d'une émigration française importante.

Sans entrer dans l'évaluation, d'ailleurs impossible, du nombre de ces émigrants et colons français, bornons-nous à constater qu'à diverses époques, la France, par suite de son émigration, étendit son autorité ou son protectorat sur de nombreuses et vastes contrées de l'univers.

(1) *Apud eos (Suessiones) fuisse regem nostra etiam memoria Divitiacum, totius Galliæ potentissimum, qui quum magnæ partis harum regionum, tum etiam Britanniæ imperium obtinuerit.* César : *De Bell. Gall.* l. II *cap.* IV.

I

ÉMIGRANTS FRANÇAIS

Des siècles passés arrivons au siècle présent. Quels sont les documents qui peuvent nous permettre d'apprécier l'importance de notre émigration ? Quoique fort incomplets et fort insuffisants, les principaux documents relatifs à notre émigration nous sont donnés d'une part en France par les passe-ports, par le service de l'émigration, par les dénombrements de nos colonies, et par l'enquête faite par nos consuls sur nos compatriotes fixés en pays étrangers ; d'autre part, dans certains de ces pays par le service des immigrants, et par les dénombrements selon les nationalités effectués dans quelques États de l'Europe et de l'Amérique.

L'insuffisance de ces divers documents au point de vue de l'émigration est évidente. L'obligation du passe-port n'existe plus depuis 1860. Le service d'émigration n'exerce de contrôle que sur les navires embarquant plus de quarante émigrants, mais n'est nullement renseigné sur beaucoup d'autres émigrants s'éloignant par mer ou par terre. Les dénombrements de la population de nos colonies, non-seulement le plus souvent ne sont qu'approximatifs, mais en général ne distinguent plus suffisamment depuis 1848 les habitants de diverses races et de diverses nationalités pour qu'on y puisse trouver les nombres exacts des immigrés ou des colons français. Les nombres de nos nationaux n'ont été relevés par nos consuls dans les pays étrangers que très exceptionnellement, et encore ces nombres sont de beaucoup inférieurs à la réalité. Le service des immigrants en pays étrangers n'est établi que dans quelques États, principalement d'Amérique. Enfin les dénombrements des habitants de divers pays sont loin de tenir toujours compte de leur nationalité, de leur pays d'origine.

Malgré l'insuffisance de ces documents, cherchons cependant à en inférer, autant que possible, l'étendue de notre émigration.

De 1854 à 1881 durant une période de 28 ans les nombres annuels des émigrants français relevés par le service des passe-ports et par le service d'émigration auraient varié considérablement. Durant ces 28 années on aurait eu connaissance de 207,775 émigrants français, partis de notre pays avec l'intention de se fixer en pays étrangers, soit en moyenne, annuellement 7,420 français émigrants. La plupart se seraient embarqués dans nos quatre ports du Hâvre, de Marseille, de Bordeaux et de Bayonne, en même temps que des émigrants étrangers de trois à neuf fois plus nombreux venant prendre passage sur nos navires. De 1865 à 1874, sur 342,471 émigrants embarqués sous le contrôle du service spécial il y avait 72,761 fançais et 269,710 étrangers (1), soit annuellement 7,276 français et 26,971 étrangers. De 1875 à 1877, sur 70,391 émigrants on comptait 8,590 français et 61,801 étrangers (2), soit annuellement 2,863 français et 20,600 étrangers. De 1878 à 1881 sur 161,519 émigrants on comptait 15,018 français et 146,501 étrangers (3), soit annuellement 3,754 français et 36,625 étrangers. Quoique ne nous occupant ici que des émigrants français, remarquons en passant combien est considérable, surtout depuis ces dernières années, l'affluence des étrangers venant s'embarquer dans nos ports, au grand profit de notre marine.

Les nombres des émigrants français, dont on aurait constaté le départ, de 1854 à 1881, selon les années, auraient varié de 8 à 1 approximativement. Si en 1855 on constatait par les passe-ports 19,957 émigrants allant se fixer à l'é-

(1) *Mouvement de l'émigration*, 1865-1874, p. 10.
(2) *Ibid.*, 1874-1877, p. 12.
(3) *Ibid.*, 1878-1881, p. 16.

tranger, en 1878 le service de l'émigration n'en indiquait que 2,316. D'une manière générale, il semblerait qu'entre ces deux années l'émigration se fut progressivement, quoique irrégulièrement ralentie, tout en présentant un accroissement momentané en 1872 après la guerre. Depuis 1876 et 1878, années durant lesquelles le service de l'émigration constata les nombres minima de 2,867 et 2,316, on observe un léger accroissement des nombres d'émigrants. En 1880 et 1881 on en comptait 4,612 et 4,456. La France semblerait donc un peu participer à « l'essor extraordinaire que, selon M. L. Bodio, l'émigration a pris dans toute l'Europe pendant ces dernières années (1). » D'ailleurs tous ces nombres sont très inférieurs à la réalité, surtout ceux relevés depuis 1861.

Les nombres recueillis d'après les passe-ports délivrés aux Français voulant s'établir à l'étranger, durant la période 1854-1860, sont inférieurs aux nombres réels des émigrants, car « dans ces passe-ports ne sont pas compris ceux que délivre directement le ministre des affaires étrangères » (2).

Mais incontestablement les nombres d'émigrants notés depuis 1861 par le service de l'émigration sont bien autrement inférieurs à la réalité. Pour s'en convaincre il suffit de comparer les nombres annuels d'émigrants durant la période 1854-1860 et durant la période 1861-1881. Alors qu'en 1860 les passe-ports permettaient de constater 12,297 émigrants français; en 1861, l'année suivante, le service de l'émigration n'en enregistrait plus que 8,752, près d'un tiers de moins.

En effet, « les états de l'émigration dressés par les Commissariats des ports, remarque M. Schnerb, ne font

(1) L. Bodio : *Statistique de l'émigration : Congrès international d'Hygiène et de démographie de Genève* 1882, p. 709.

(2) *Statistique de la France*, t. X, p. LXVIII.

mention que des émigrants qui prennent la voie maritime. La formalité des passe-ports ayant été abolie, il n'existe aucun moyen de supputer le nombre d'émigrants qui vont s'établir par la voie de terre dans les divers pays du Continent (1). »

Parmi ces émigrants français, prenant la voie maritime, tous sont loin de s'embarquer dans nos ports. M. Boucher-Cadart signale « la concurrence faite depuis quelques années par le port d'Anvers, dont la clientèle est attirée par une diminution de prix de transport, résultant des tarifs communs entre les chemins de fer français et les chemins de fer belges. (2) »

Beaucoup de nos émigrants, par voie maritime, peuvent s'embarquer dans des ports qui ne sont pas soumis au contrôle du service de l'émigration. Le Hâvre, Bordeaux, Marseille, Bayonne sont nos seuls ports qui aient un commissaire spécial, ou un agent de police particulièrement chargé du service de l'émigration (3). Nos émigrants peuvent aller s'embarquer à la Rochelle, à Saint-Nazaire, à Saint-Malo, à Dieppe, à Calais, à Dunkerque, à Cette, etc.

« En étudiant les documents officiels qui font connaître le mouvement de l'émigration en France (de 1865 à 1874), dit M. Loua, nous avons été frappé du défaut absolu de concordance qui existe entre les tableaux qui donnent l'émigration par département, et ceux qui indiquent le nombre des émigrants qui se sont embarqués dans les ports français chargés de ce service. (4) » Les Français embarqués dans les quatre ports soumis au service de l'émigration sont au nombre de 72,261, alors que tous les émi-

(1) *Mouvement de l'émigration*, 1878-1881, p. 14.

(2) *Ibid.*, 1875-1877, p. 7.

(3) *Ibid.*, 1878-1881, p. 6.

(4) *Journal de la Société de Statistique*, 1877, p. 257.

grants français sont au nombre seulement de 60,245 (1). Quoique plus élevé, le nombre de 72,261 émigrants français, uniquement relatif à quatre de nos ports, ne peut encore être considéré que comme beaucoup trop minime.

Parmi nos nationaux s'embarquant dans nos quatre ports du Hâvre, de Bordeaux, de Marseille et de Bayonne, un grand nombre échappe au contrôle des commissariats de l'émigration. « Les navires de la compagnie des Messageries maritimes, emportent à eux seuls près d'un tiers des émigrants qui vont s'embarquer à Bordeaux. Le nombre des passagers qui ont eu recours à son office s'élève à 6,190, pour les quatre années (1878-1881). Cette compagnie étant affranchie du contrôle du service de l'émigration, les émigrants transportés par ces paquebots ne figurent, dans les états, que pour le nombre. (2) » Chaque année il partirait donc ainsi par les messageries 1,547 émigrants français et étrangers. Mais les français ne seraient pas indiqués séparément parmi les émigrants partis sur ces navires.

On ignore le nombre des passagers des « navires partis avec moins de 40 émigrants, c'est-à-dire en nombre inférieur à celui exigé par la loi, pour être soumis au régime de l'émigration. (3) » Or de 1865 à 1877 on a noté le départ de 7,895 de ces navires, alors que le service de l'émigration n'exerçait son contrôle que sur 2,961 navires, (4) nombre près de deux fois moindre. Donc annuellement pour 227 navires contrôlés il en part 607 de non contrôlés; il est vrai de moindres dimensions. Néanmoins le nombre des émigrants partant par ces nombreux navires non contrôlés ne laisse pas que d'être fort important.

(1) *Mouvement de l'émigration,* 1865-1874, p. 6, 10, 13, 21, 30 et 39 ; tabl. 1, 10 et 18.

(2) *Ibid.,* 1878-1881, p. 20.

(3) *Iibd.,* 1875-1877, p. 13.

(4) *Ibid.,* 1865-1874, p. 10 et 11 ; et 1875-1877, p. 13.

Au Hâvre et à Bordeaux, de 1865 à 1874, au nombre des 273,161 émigrants français et étrangers s'y étant embarqués ne figurent pas 59,298 émigrants ayant pris 2,484 navires, non soumis au contrôle du service de l'émigration. (1) Si plus d'un cinquième des émigrants de toutes nationalités embarqués dans nos ports, 10 sur 46, ne sont pas soumis au service de l'émigration, à plus forte raison il en doit en être ainsi pour les émigrants français, qui, dans leur propre pays, doivent bien plus facilement que des étrangers échapper au contrôle de ce service. Ces 59,298 émigrants partis du Hâvre et de Bordeaux sur 2,484 navires non contrôlés, donnent une moyenne de 23 émigrants par navire. Or, à supposer que cette même proportion de 23 émigrants par navire soit appliquée aux 607 navires non contrôlés qui, en moyenne, chaque année, partent de nos quatre ports du Hâvre, Bordeaux, Marseille et Bayonne, on voit que les émigrants ainsi partis sans contrôle s'élèveraient au moins au nombre de 13,961, qui, avec les 1,547 émigrants, également non contrôlés des Messageries maritimes, donneraient 15,507 émigrants à ajouter annuellement aux émigrants français et étrangers, dont le service d'émigration constate l'embarquement dans nos ports. Si donc, de 1865 à 1877, le nombre annuel moyen des émigrants français et étrangers contrôlés a été de 17,950, et celui des émigrants français, contrôlés pris isolément, a été de 3,537, soit dans le rapport de 5 à 1, en admettant ce même rapport, le nombre annuel des émigrants français et étrangers non contrôlés autoriserait l'adjonction aux 3,537 émigrants français annuellement contrôlés de 3,101 émigrants français non contrôlés, soit donc approximativement 6,638 français émigrant chaque année, par voie maritime pour pays étrangers.

Il semble même permis de supposer que ce nombre de 6,638 émigrants français par voie maritime est encore

(1) *Mouvement de l'émigration*, 1865-1874, p. 9, 10 et 11.

inférieur à la réalité. Car en particulier à Bayonne, où de 1865 à 1874 on nota le départ de 2,347 navires non soumis au contrôle contre 48 soumis au contrôle (1), où de 1878 à 1881 « aucun navire n'a été classé sous le régime de l'émigration, » les émigrants français ne sont plus à la totalité des émigrants français et étrangers comme 1 est à 5, mais sont en nombre sensiblement égaux 730 et 742, soit de 182 et 185 par an, durant cette dernière période (2). Il faut toutefois reconnaître que dans ce dernier port l'émigration semble décroître considérablement depuis quelques années, soit que les émigrants étrangers et nationaux diminuent réellement, soit qu'ils se portent de préférence vers Bordeaux, ou vers les ports espagnols.

On a vu précédemment que, sans pouvoir évaluer le nombre de nos émigrants embarqués dans les ports étrangers, ou dans nos ports non soumis au contrôle du service de l'émigration; lorsque l'on cherche à tenir compte des émigrants partis de nos quatre grands ports, en dehors du contrôle de ce service, on trouve que le nombre de nos émigrants, prenant la voie maritime, est approximativement le double du nombre officiellement contrôlé. Vraisemblablement il est même de beaucoup supérieur au double de ce nombre. On sait que la plupart de nos émigrants se portent vers les divers états de l'Amérique. De 1865 à 1881, sur 84,030 émigrants français officiellement contrôlés, 67,770, les quatre cinquièmes se dirigent vers le nouveau continent. (3) On est donc tout naturellement amené à s'assurer de l'exactitude des documents officiels relatifs à notre émigration par les documents relatifs à l'immigration française en Amérique. Or,

(1) *Mouvement de l'émigration*, 1865-1874, p. 10 et 11.

(2) *Ibid.*, 1878-1881, p. 21.

(3) *Ibid.*, 1865-1874, p. 25, tabl. 3; 1875-1877, p. 24, 36, 48, tabl. 3; 1878-1881, p. 14.

bien que la plupart des États américains ne publient pas de documents sur leurs immigrés, les États-Unis de l'Amérique du Nord recueillent quelques données intéressantes. M. Bertillon père a déjà fait remarquer que pendant les « 7 années (1854-1860) le mouvement des passe-ports a enregistré, en France, 17,150 français ayant déclaré avoir l'intention de se fixer dans l'Amérique du Nord (États-Unis, Canada, Mexique, etc.) tandis que, dans le même temps, les seuls États-Unis ont enregistré 38,700 français immigrant chez eux, c'est-à-dire plus du double. (1) »

Durant la période décennale 1865-1874 on a enregistré en France 8,794 émigrants pour les Etats-Unis (2), soit en moyenne 879 par an. Or, durant la période décennale 1861-1870, M. Edouard Young, a constaté l'arrivée aux Etats-Unis de 37,749 immigrants français (3), quatre fois davantage, soit une moyenne de 3,774 immigrants par année. En 1871, l'immigration aux Etats-Unis aurait compris 5,780 français, alors qu'en France le service de l'émigration ne constatait le départ que de 1,192 émigrants français (4). L'immigration était donc cinq fois plus forte que l'émigration. En 1874, en une seule année, il serait arrivé 8,741 immigrants français aux Etats-Unis (5), tandis que du 30 juin 1879 au 38 juin 1880 leur nombre n'aurait été que de 4,313 (6). Quoique très variables suivant les années ou les périodes, quoique semblant se restreindre depuis 1850, les

(1) *Dictionnaire Encyclopédique des Sciences Médicales* : art. migrations, p. 650. — *Annales de Démographie*, 1877.

(2) *Mouvement de l'émigration*, 1865-1874, p. 25, tabl. 3.

(3) Edouard Young : *Spezieller Bericht uber Einwanderung in dein Vereinigten Staaten, Washington*, 1872, p. 8.

(4) *Mouvement de l'émigration*, 1865-1874, p. 25, tabl. 3.

(5) Voir Loua : *L'émigration Européenne : Journal de la Société de Statistique*, 1877, p. 259.

(6) *Annales de démographie internationale*, 1880, t. IV, p. 640.

nombres décennaux, donnés par M. Young, de 1820 à 1870, montrent que de 8,868 l'immigration française successivement élevée à 45,575, à 77,262, à 76,358, puis descendue à 37,749, est au moins quatre fois plus nombreuse que notre émigration signalée par le service spécial comme se dirigeant vers les Etats-Unis (1).

Il en est vraisemblablement pour les autres Etats étrangers comme pour les Etats-Unis de l'Amérique du Nord. Or nous venons de voir que le nombre des français y arrivant non seulement est deux fois, mais à certaines époques est quatre et cinq fois plus élevé que le nombre des émigrants français dont l'embarquement est officiellement constaté par le service de l'émigration.

Quoique prenant la voie de mer, nos compatriotes qui quittent la France pour aller dans nos colonies, ne sont pas en général considérés comme des émigrants. Aussi n'en est-il qu'exceptionnellement fait mention dans les mouvements de l'émigration. Si de 1861 à 1864 on a tenu compte des émigrants à destination de l'Algérie (2), il ne parait plus en avoir été ainsi durant la période suivante 1865-1877. Bien qu'au nombre des pays destinataires, à côté d'Etats étrangers on indique exceptionnellement quelques unes de nos colonies, comme la Martinique, la Guadeloupe, la Réunion, le Sénégal, la Nouvelle-Calédonie (3), on ne parle ni de la Cochinchine, ni de l'Algérie, excepté en 1877, où l'on signale 890 émigrants pour cette colonie d'Afrique (4). D'ailleurs, pour la période 1878-1881, à propos de 6 émigrants partis pour la Guyane française, M. Schnerb dit positivement

(1) Ed. Young, *l. c.*

(2) *Statistique de la France*, 2 série, t. XIII, p. XVI.

(3) *Mouvement de l'émigration*, 1865-1874, p. 33-34, tabl. 12, 1875-1877, p. 24, 36, 48, tabl. 3, relatif à Bordeaux.

(4) *Mouvement de l'émigration*, 1875-1877, p. 48.

« les Français établis dans nos colonies ne sont pas considérés comme émigrés (1). »

Pour évaluer approximativement le nombre de nos nationaux qui émigrent de France par voie maritime, il faudrait donc, aux émigrants s'embarquant pour aller s'établir en pays étrangers, ajouter les français allant se fixer dans nos colonies. Les documents statistiques officiels réguliers faisant défaut, on ne peut y suppléer que très incomplètement en consultant quelques monographies relatives à telle ou telle de ces colonies.

Pour l'Algérie, M. le docteur Ricoux de Philippeville met à même de reconnaître qu'indépendamment de l'accroissement de la population française par excédent de la natalité sur la mortalité, l'accroissement par immigration durant la période de 1866 à 1872 a été de 7,224 individus, soit de 1,204 par année, et durant celle de 1872 à 1876 s'est élevé à 20,927, soit en moyenne à 5,232 par année ; proportion près de trois fois plus rapide (2). Après cet accroissement considérable de 1872 à 1876 ; (accroissement d'ailleurs qui, durant cette période se montre également pour nos émigrants vers les autres destinations), notre émigration vers l'Algérie se serait elle considérablement ralentie ? Tout en disant que « les Français qui vont habiter l'Algérie ne peuvent être considérés comme des émigrants, et figurer à juste titre dans une statistique de l'émigration, » M. Schnerb, dans la pensée qu'il y a intérêt à savoir dans quelle mesure l'Algérie bénéficie du déplacement de nos nationaux, constate « le départ pour l'Algérie, avec l'intention de s'y établir, de 870 français en 1878, de 649 en 1879, de 352 en 1880 et de 231 en 1881... Le total pour les quatre années serait donc de 2,102, soit environ un septième de l'émigration française à l'étranger (3). » « Deux sur quinze émigrants seu-

(1) *Mouvement de l'émigration*, 1878-1881, p. 14, note du tableau.

(2) Réné Ricoux : *La démographie figurée de l'Algérie*, p. 45, 1880.

(3) *Mouvement de l'émigration*, 1878-1881, p. 14.

lement vont en Algérie, disait récemment à la Chambre le ministre de l'intérieur, M. Waldeck-Rousseau. Le reste va dans l'Amérique du Sud ou aux Etats-Unis (1). » La moyenne annuelle des Français émigrés pour l'Algérie, durant ces quatre années 1878-1881 n'aurait donc été que de 525 ; proportion dix fois moindre que durant la période 1872-1874 ; et fait plus grave, cette décroissance se serait montrée d'une manière régulière et progressive durant ces quatre années successives. Mais, de même que pour les émigrants se rendant aux Etats-Unis, évidemment le service de l'émigration n'a connaissance que d'une minime partie des émigrants se rendant en Algérie. En effet, loin de constater une diminution de l'émigration française en notre colonie d'Afrique, M. Ricoux et M. Vallin reconnaissent que la proportion des immigrants s'est légèrement accrue. Pour un accroissement de 1,000 français en Algérie, si de 1873 à 1876 on comptait 901 immigrants, de 1877 à 1881 on en aurait compté 903 (2).

On a quelques documents statistiques sur les colonies pénitencières, mais les transportés, les déportés ne peuvent être confondus avec les émigrés volontaires.

A la Guyane, de 1852 à 1879 on transporta 16,457 forçats de race blanche, 2,816 repris de justice, 329 affiliés aux Sociétés secrètes, 9 transportés volontaires et 402 femmes des maisons centrales, soit 20,013 en 28 ans, soit donc 714 émigrants par année astreints à la colonisation obligatoire.

A la nouvelle Calédonie, de 1852 à 1879 on transporta 10,859 forçats de race blanche, 296 femmes des maisons cen-

(1) Chambre des députés, 28 décembre 1883 (*Le Temps*, 30 décembre, 1883, p. 3, col. 2).

(2) Ricoux : *La population européenne en Algérie*, 1873-1881, et *statistique départementale de l'année 1882*, Alger, 1883. — Vallin : *Le mouvement de la population européenne en Algérie* : *Revue d'hygiène*, 20 mars 1884, p. 179.

trales, soit 11,155 transportés en 28 ans, ou 398 transportés par année (1).

Quant à nos autres colonies, en dehors de la population flottante de fonctionnaires, de militaires soldats et marins, de matelots, le nombre annuel des immigrants français est, en général fort minime, et les documents statistiques relatifs à cette immigration coloniale son+ complétement insuffisants. De 1865 à 1874, on a signalé 79 émigrants français se rendant de Bordeaux à la Martinique et à la Guadeloupe, 235 allant au Sénégal et 8 à la Réunion (2). En 1875 et 1876 on n'en signalait que 8 partant de Bordeaux pour les Antilles françaises, et en cette dernière année 6 se rendant au Sénégal et à Gorée (3). En Cochinchine en 1879 il arriva 329 émigrants français, 261 du sexe masculin, 65 du sexe féminin (4).

Pour ces colonies, comme pour les pays étrangers, à défaut de la proportion annuelle de leurs immigrants, nous chercherons bientôt à déterminer le nombre des français immigrés qui s'y sont fixés. Néanmoins, de cet examen des émigrants français, voyons ce qu'il semble permis d'inférer relativement à l'étendue de notre émigration, Pour arriver à une approximation minima du nombre des émigrants français ayant pris annuellement la voie de mer de 1872 à 1881, au nombre moyen annuel fort minime des émigrants embarqués au Hâvre, à Bordeaux, à Marseille et à Bayonne sous le contrôle du service de l'émigration, il faut ajouter d'abord celui des émigrants français s'embarquant sur les navires non soumis à ce contrôle. Or ce nombre des émigrants non contrôlés égale au moins celui des émigrants contrôlés, si l'on s'en rapporte au nombre des navires non soumis au contrôle et au nombre moyen des émigrants

(1) *Annuaire Statistique de la France*, 1883, p. 150.

(2) *Mouvement de l'émigration*, 1865-1874, p. 33, tabl. 12.

(3) *Ibid.*, 1875-1877 p. 24 et 36, tabl. 3.

(4) *Tableaux de population... formant pour 1879 la suite des tableaux des notices statistiques sur les colonies françaises*, p. 214, 1881.

Tableau I

ÉMIGRANTS FRANÇAIS PAR VOIE MARITIME.

ANNÉES	EMIGRANTS FRANÇAIS signalés par les services des passeports et de l'émigration			Immigrants français en Algérie	Emigrants français pour les Etats-Unis	Immigrants français aux Etats-Unis	Emigrants français dans nos colonies	Déportés et transportés Guyane et Nouvelle-Calédonie
	Partis des départements	Partis des quatre ports du Havre, Bordeaux, Marseille et Bayonne	Partis pour l'Algérie					
1854	18.415				17.150	38.700		
1855	19.957				moyenne	moyenne		
1856	15.858				annuelle	annuelle		
1857	a) 17.958				e)	e)		
1858	14.010							
1859	12.911				2.450	5.528		
1860	12.297							
1861	6.334		2.418					
1862	b) 5.036		b) 1.764					
1863	4.285		1.486			37.749		Guyane
1864	4.057		1.374			moyenne		714
1865	4.489	4.715			761	f) annuelle	Antilles	moyen.
1866	4.531	5.752		7.224	862		79	ann.
1867	4.938	6.047		et moyenne	799		Sénégal 235	
1868	5.274	6.406		annuelle	701	3.774	Réunion	i)
1869	4.837	c) 7.898		d)	404		c) 8	
1870	4.845	4.600			439		moyen.	Nouvelle-
1871	7.109	5.947			1.192	f) 5.780	ann.	Calédonie
1872	9.581	15.829		1.204	1.499		7.9	398
1873	c) 7.561	8.404		20.924	c) 1.087		23.5	moyen.
1874	7.080	7.163		d) moyen.	1.100		0:8	ann.
1875	4.464			ann.	1.092			
1876	2.867			5.231	834			
1877	3.666		890		675			
1878	2.316		870		995		Cochin-	
1879	3.634		c) 649		1.436		chine	
1880	4.612		352		2.225	g) 4.313	h) 329	
1881	4.456		231		2.482			

a) Emigrants français d'après les passe-ports délivrés aux voyageurs ayant le projet de s'établir au dehors : *Statistique de la France*, 2e série, t. X, p. LXVIII, et t. XI, p. XCII.

b) Emigrants français d'après les documents communiqués par le ministre de l'Intérieur : *Statistique de la France*, 2e série, t. XVIII, p. XVI.

c) Emigrants français d'après : *Mouvements de l'emigration en France de 1865 à 1874, par de Boislisle ; ministère de l'Intérieur, 1876*, p. 6, 25, tabl. 3, p. 30, tabl. 10 et p. 33, tabl. 12 ; — *de 1875 à 1877, par Boucher-Cadart, 1879*, p. 5, 24, 26, 29, 36, 38, 41, 48, 51 et 54, tabl. 3, 7 et 15 ; — *de 1878 à 1881, par Schnerb, 1883*, p. 7, 15, 33, 41, 49, 56, tabl. 5, 17, 28 et 36.

d) Immigrants français en Algérie, d'après le Dr Ricoux : *Démographie figurée de l'Algérie*, p. 45, 1880.

e) Emigrants français pour les Etats-Unis, d'après le Dr Bertillon père : *Migration : Dictionnaire encyclopédique des sciences médicales*, p. 650, et *Annales de Démographie, 1877*.

qu'ils embarquent. Ce nombre des émigrants non contrôlés semble même beaucoup plus élevé, si l'on s'en rapporte au nombre d'immigrants français arrivés aux Etats-Unis. Le nombre moyen annuel des émigrants français soumis au contrôle étant de 5,741, le nombre des émigrants français soumis ou non soumis à ce contrôle serait donc au moins de 11,482. A ce nombre minimum de 11,482 il faut ensuite ajouter le nombre de nos nationaux s'étant portés dans nos colonies. nationaux qui se rendant dans des possessions françaises, au point de vue officiel, ne sont plus considérés comme des émigrants. Donc, si, divisant pour chaque colonie la somme des nombres d'immigrants français durant la période 1872-1881 par le nombre des années auxquelles se rapportent ces nombres d'immigrants, on ajoute au nombre minimum des émigrants français soumis ou non au service d'émigration, les nombres moyens annuels, quelque minimes qu'ils soient, de nos nationaux ayant été se fixer en Algérie, en Cochinchine, aux Antilles françaises, à la Réunion, au Sénégal, on trouve que le nombre moyen annuel de nos émigrants français par voie de mer, de 1872 à 1881 aurait été d'environ 14,351, et, en y ajoutant les transportés ou déportés à la Guyane et à la Nouvelle-Calédonie, ce nombre se serait élevé à 15,463. Inférieurs à celui de 20,000 que croyait devoir admettre Bertillon père (1), ces nombres approximatifs seraient peu distants du moindre de ceux que récemment M. Charmes semblait désirer voir atteindre à notre émigration. « Sans s'appauvrir en aucune façon, remarquait-il, la France pourrait disposer annuelle-

(1) Bertillon : Migration : *Dict. Encycl. des Sciences Méd.* p. 661.

---

f) Immigrants français aux Etats-Unis, d'après : *Edward Young : Spezieller Bericht uber Einwanderung in dein Vereinigten Staaten*, p. 8, etc., *Washington, 1872.*

g) Immigrants français aux Etats-Unis, d'après : *Annales de Démographie internationale*, t. IV, p. 640, 1880.

h) Immigrants français en Cochinchine, d'après : *Tableaux de population*, formant pour 1879 la suite des tableaux des *notices statistiques sur les colonies françaises*, p. 214, 1881.

i) Déportés et transportés à la Nouvelle-Calédonie et à la Guyane, d'après . *Annuaire statistique de la France 1883*, p. 150.

ment de quinze à vingt mille émigrants pour constituer au dehors des sociétés filles de la sienne (1). »

Le nombre annuel des émigrants français étant approximativement déterminé, quelles sont parmi ces émigrants les proportions de l'un et de l'autre sexes? Le service de l'émigration, suivant les époques, distinguant soit les hommes, les femmes et les mineurs, soit les émigrants masculins et les émigrants féminins, permet de reconnaître que de 1865 à 1874 sur 60,245 émigrants soumis au contrôle de ce service, on comptait 31,610 hommes, 9,710 femmes et 18,925 mineurs, et que de 1875 à 1881 sur 26,015 émigrants, on comptait 17,989 individus du sexe masculin et 8,026 du sexe féminin. (2) Ainsi donc durant la première période, les femmes auraient représenté les 29 °/₀, et les hommes les 71 °/₀ des émigrants adultes; et durant la seconde période, les émigrants du sexe féminin auraient été à ceux du sexe masculin dans le rapport de 32 à 68 pour 100. On voit donc que parmi les émigrants soumis au contrôle, le nombre des femmes et des filles est de plus de moitié moindre que celui des hommes et des garçons. Il est vraisemblable que parmi les émigrants qui échappent au contrôle du service de l'émigration, le sexe masculin prédomine dans le même, sinon dans une plus grande proportion.

La provenance départementale des émigrants, de 1857 à 1881, a été indiquée par le service de l'émigration (3). Tandis que durant ces 25 années les départements de la Seine, des Hautes-Pyrénées, de la Gironde et des Basses-Pyrénées ont fourni à l'émigration contrôlée 10,555, 10,892, 13,313, jusqu'à 33,461 émigrants, les départements

(1) Gabriel Charmes: *La Politique coloniale*: *Revue des Deux-Mondes*, 1er novembre 1883, p. 53.

(2) *Mouvement de l'émigration* de 1865 à 1874, p. 8 et 24; 1875 à 1877 p. 10, 23, 35, 47; 1878 à 1881, p. 12, 32, 34, 36, 38, 40, 42, 44, 46, 48, 50, 52, 54.

(3) *Mouvement de l'émigration*, de 1875 à 1877, p. 58-60, et 1878 à 1881, p. 29-30.

de la Lozère, de la Creuse, de la Vendée, de la Mayenne n'en ont donné que 97, 96, 60, voire même que 44.

D'une manière générale, à la suite du département des Basses-Pyrénées dont les émigrants sont trois fois plus nombreux que ceux des départements de la Gironde, des Hautes-Pyrénées et de la Seine, placés immédiatement après lui, viennent se ranger la plupart des départements du Midi et de l'Est, ceux de notre littoral Sud-Ouest, de la région Pyrénéenne, du littoral Méditerranéen, du bassin du Bas-Rhône, des Alpes et des Vosges.

Cette répartition est indiquée par le tableau II et par la carte ci-jointe où le blanc, le gris clair, le gris foncé et le noir différencient les départements ayant eu durant ces 25 années moins de 1,000, plus de 1,000, de 10,000, de 30,000 émigrants.

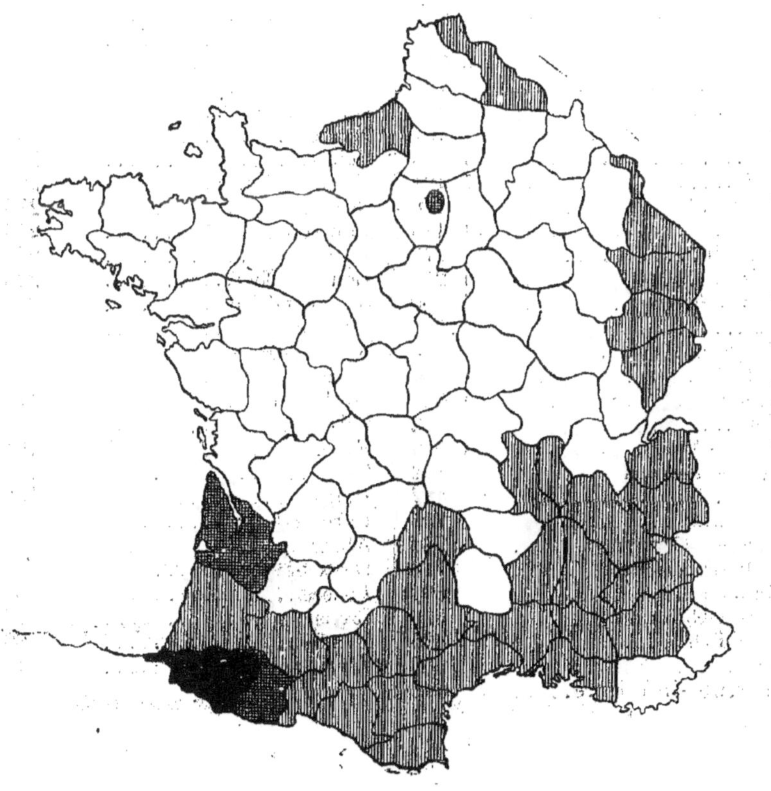

Tableau II

NOMBRES DES ÉMIGRANTS NATIFS DES DIFFÉRENTS DÉPARTEMENTS DURANT 25 ANNÉES, DE 1857 A 1881.

Département	Nombre	Département	Nombre
Basses-Pyrénées	33 461	Marne	573
Gironde	13.313	Corrèze	541
Hautes-Pyrénées	10 892	Dordogne	531
Seine	10.555	Lot	488
Haute-Garonne	6.423	Ille-et-Vilaine	481
Bouches-du-Rhône	6 311	Puy-de-Dôme	480
Haut-Rhin	5.476	Saône-et-Loire	478
Doubs	3.978	Alpes-Maritimes	475
Meurthe-et-Moselle	3.695	Vienne	442
Savoie	3.504	Haute-Marne	440
Haute-Saône	3.430	Haute-Loire	439
Corse	3.214	Pas-de-Calais	438
Seine-Inférieure	2.893	Nièvre	407
Pyrénées-Orientales	2.845	Sarthe	402
Gers	2.735	Indre-et-Loire	384
Cantal	2.492	Yonne	355
Rhône	2.482	Aisne	347
Vaucluse	2.043	Ain	320
Hautes-Alpes	1.725	Somme	307
Ariège	1.677	Haute-Vienne	296
Drôme	1.551	Meuse	290
Gard	1 546	Loiret	276
Aude	1 491	Maine-et-Loire	268
Vosges	1.478	Oise	256
Isère	1.426	Finistère	253
Hérault	1 276	Aube	235
Loire	1.217	Loir-et-Cher	233
Haute-Savoie	1.150	Seine-et-Oise	227
Tarn	1.102	Ardennes	221
Aveyron	1.089	Seine-et-Marne	210
Ardèche	1.046	Cher	206
Landes	1.033	Morbihan	197
Nord	1.012	Calvados	193
Basses-Alpes	1.010	Eure	191
Côtes-du-Nord	882	Orne	190
Jura	817	Indre	160
Charente	755	Eure-et-Loir	148
Tarn-et-Garonne	744	Allier	132
Loire-Inférieure	718	Deux-Sèvres	114
Manche	661	Lozère	97
Lot-et-Garonne	606	Creuse	96
Côte-d'Or	605	Vendée	60
Var	603	Mayenne	44
Charente-Inférieure	601		

Cette répartition départementale des émigrants ne portant que sur ceux soumis au contrôle du service de l'émigration, ne portant presqu'exclusivement que sur ceux qui s'embarquent au Hâvre, à Bordeaux, à Bayonne et à Marseille, sur navires de plus de 40 passagers, à destination de pays étrangers, mais non de nos colonies ; cette répartition départementale des émigrants, qui représentent moins de la moitié de notre émigration totale, ne peut guère permettre d'évaluer, pour chaque département, l'importance de l'émigration proportionnellement à la population plus ou moins nombreuse de ce département; car le nombre des émigrants qui échappent à ce service doit varier considérablement suivant les départements, doit être plus grand dans les départements frontières ou maritimes que dans les autres. Néanmoins, M. Boucher-Cadart, en donnant pour chaque département, durant 20 années, de 1857 à 1877, la proportion des émigrants par rapport à la population (1), met à même de connaître approximativement la proportion moyenne annuelle, sinon des émigrants en général, du moins des émigrants s'étant embarqués sous le contrôle de l'émigration. Sans parler du territoire de Belfort, à la population fort restreinte, territoire auquel, on paraît avoir rapporté tous les émigrants du département du Haut-Rhin depuis 1857, jusqu'à la fin de la guerre, on peut voir ainsi que les départements qui donnent le plus d'émigrants proportionnellement à leur population, sont ceux des Basses-Pyrénées, des Hautes-Pyrénées, de la Gironde, des Pyrenées-Orientales. de la Haute-Garonne, des Hautes-Alpes, de la Savoie, de la Corse, des Bouches-du-Rhône, du Doubs, du Cantal, etc. Ce sont pour la plupart les mêmes départements, qui, d'une manière absolue, comme d'une manière relative à leur population, fournissent le plus d'émigrants. Toutefois les

(1) *Mouvement de l'émigration*, 1875 à 1877, p. 58-60.

Tableau III.

MOYENNES ANNUELLES DES ÉMIGRANTS SUR 10,000 HABITANTS DES DIFFÉRENTS DÉPARTEMENTS DE 1857 A 1877

Département	Moyenne	Département	Moyenne
Haut-Rhin (Belfort)	376.00	Haute-Loire	6.50
Basses-Pyrénées	350.00	Vienne	6 50
Hautes-Pyrénées	203.00	Manche	5 50
Gironde	88.50	Marne	5.50
Pyrénées-Orientales	70 50	Loire-Inférieure	5 00
Haute-Garonne	63.50	Nièvre	5.00
Hautes-Alpes	59.00	Indre-et-Loire	4 50
Savoie	55.50	Aube	4.00
Bouches-du-Rhône	55.00	Meuse	4 00
Corse	55.00	Haute-Vienne	4.00
Doubs	55.00	Yonne	4.00
Cantal	50 00	Ain	3 50
Haute-Saône	43.50	Charente-Inférieure	3.50
Meurthe-et-Moselle	42.50	Dordogne	3.50
Gers	40.00	Ille-et-Vilaine	3.50
Vaucluse	38.50	Loir-et-Cher	3.50
Ariège	33.00	Mayenne	3.50
Basses-Alpes	32.00	Puy-de-Dôme	3.50
Aude	24.00	Sarthe	3 50
Drôme	23.00	Ardennes	3.00
Seine	19.00	Loiret	3 00
Haute-Savoie	18.00	Lozère	3.00
Gard	17 50	Aisne	2.50
Seine-Inférieure	17.00	Cher	2.50
Tarn-et-Garonne	16.00	Nord	2.50
Landes	15.50	Oise	2.50
Rhône	15.50	Saône-et-Loire	2.50
Tarn	14 50	Somme	2.50
Jura	13.50	Eure	2.00
Vosges	13.00	Eure-et-Loir	2.00
Hérault	12.50	Indre	2.00
Ardèche	11.50	Seine-et-Marne	2.00
Alpes-Maritimes	10.00	Calvados	1.50
Aveyron	10 00	Creuse	1.50
Isère	10.00	Finistère	1.50
Var	9 50	Maine-et-Loire	1.50
Lot	8.50	Morbihan	1.50
Corrèze	8.00	Orne	1.50
Loire	8.00	Pas-de-Calais	1.50
Haute-Marne	8.00	Seine-et-Oise	1.00
Lot-et-Garonne	7.50	Deux-Sèvres	1.00
Côte-d'Or	7.00	Allier	0.50
Charente	6.50	Vendée	0.50
Côtes-du-Nord	6.50		

deux départements de la Seine et du Rhône font exception. Leurs nombres absolus d'émigrants, quoique considérables, sont relativement peu élevés quand on les rapproche des nombres très considérables de leurs habitants.

Une population s'accroissant ou diminuant par l'excédent des naissances sur les décès ou des décès sur les naissances, si l'on constate une différence entre l'accroissement ou la diminution résultant de cet excédent, et l'accroissement ou la diminution résultant du rapprochement des dénombrements, cette différence ne peut être attribuée qu'à l'immigration ou à l'émigration. C'est ainsi que de 1876 à 1881 on a constaté que 58 départements présentaient un excédent plus ou moins considérable de l'émigration sur l'immigration. Mais cette émigration résulte du départ d'habitants se portant soit vers d'autres départements, principalement vers les villes, soit vers les pays étrangers, vers les colonies; et dans l'émigration totale de chaque département, il est difficile de déterminer la part de chacune de ces deux sortes d'émigration. Cependant, sans pouvoir préciser l'étendue de l'émigration de département à département, on peut juger de l'importance du déplacement des ruraux vers les villes, en constatant que, durant cette courte période de cinq années, de 1876 à 1881, dans 78 départements sur 87, la population des villes de plus de 2,000 âmes, la population urbaine a présenté un excédent de 1,080,666 immigrants, alors que dans 80 départements la population rurale a présenté un excédent de 821,383 émigrants (1). Aussi en 1881 constatait-on qu'en France, parmi nos 37,405,290 habitants, 2,877,518 sont natifs d'autres départements que ceux qu'ils habitent (2).

Si, pour chacun des départements, de l'émigration totale ainsi déduite de la différence existant entre les

(1) *Résultats Statistiques du Dénombrement* de 1881, tabl. 9, p. 82-85.
(2) *Rés. Stat. du Dénomb.* tabl, 3, p. 106.

dénombrements de 1876 et 1881 après addition des naissances et soustraction des décès de 1876 à 1881, on rapproche l'émigration vers les pays étrangers, constatée par le service de l'émigration, on voit que les départements qui présentent les excédents les plus considérables de l'émigration totale, sont loin d'être toujours ceux qui envoient le plus d'émigrants à l'étranger. Ainsi, les départements des Côtes-du-Nord, des Landes, de l'Aveyron, de la Manche, de l'Ardèche présentent des excédents de 26,059, de 15,586, de 14,733, de 12,007, de 11,792 émigrants, et cependant parmi leurs émigrants, 54, 102, 205, 62 ou 164 seulement sont indiqués comme s'embarquant pour les pays d'outre-mer. On voit donc que de ces départements la plupart des immigrants ne se portent que vers d'autres départements.

Toutefois certains départements à grands excédents d'émigrants en envoient une notable partie au delà des mers. Sur un excédent de 11,203 émigrants du département de la Haute-Saône 820 sont notés comme s'embarquant pour les pays éloignés. D'ailleurs des départements de la Savoie et des Vosges, qui n'ont qu'un excédent de 5,548, de 5,244 émigrants, il en partirait 458 et 426 pour les contrées lointaines. Mais, c'est surtout des départements des Basses et Hautes-Pyrénées que partent de nombreux émigrants vers les pays transatlantiques. Bien que ces départements présentent des excédents de 7,143 et 3,681 émigrants, bien inférieurs à ceux des départements du Calvados, des Landes, de l'Aveyron, de la Manche, de l'Ardèche, 2,817 et 1,283 sont indiqués comme s'embarquant dans nos ports.

Remarquons enfin que certains départements, vers lesquels la présence de grandes villes détermine un excédent d'immigrants, envoient néanmoins un certain nombre d'émigrants vers les pays éloignés. Du département de la Seine où durant la période 1876-1881, l'excédent de l'immigration a été de 370,035, il est parti, pour les pays lointains, 2,409 émigrants; proportion peu élevée si l'on tient compte de

Tableau IV

Comparaison par départements de l'excédent des naissances sur les décès (N>D), ou des décès sur les naissances (D>N), de l'excédent des immigrants sur les émigrants (I>E) ou des émigrants sur les immigrants (E>I), et particulièrement des émigrants s'embarquant pour les pays étrangers (Ee), enfin de l'accroissement ou de la diminution de la population durant la période quinquennale intermédiaire aux deux dénombrements de 1876 et de 1881.

	N>D	D>N	I>E	E>I	Ee	Accroissement	Diminution	Sur 1.000 habitants en 5 ans	
								Accroissement	Diminution
Ain	1.641			3.631	62		1 990		5.2
Aisne	3.956			7.492	97		3.536		6.6
Allier	16.365			5.387	60	10.976		27.0	
Alpes (Basses-)		834		3.414	161		4.248		31.2
Alpes (Hautes-)	979		1.714		339	2.693		22.6	
Alpes-Maritimes	1.419		21.598		61	23.017		112.8	
Ardèche	4.282			11.793	164		7.511		19.4
Ardennes	5.249		1.644		39	6.893		21.1	
Ariège	3.491			7.685	86		4.194		17.1
Aube		4.036	4.145		34	109		0.4	
Aude	3.416		24.461		30	27.877		92.9	
Aveyron	15.982			14.733	205	1.249		3.0	
Bouches-du-Rhône		3.778	36.427		410	32.649		58.7	
Calvados		5.472		4.918	70		10.390		23.1
Cantal	4.840		264		258	5.104		22.1	
Charente	3.041			6.169	287		3.128		8.4
Charente-Inférieure	6.174			5.386	297	788		1.7	
Cher	14.504			8.712	37	5.792		16.7	
Corrèze	12.554			7.013	44	5.541		17.8	
Corse	6.372		3.566		725	9.938		37.8	
Côte-d'Or		1.115	6.271		89	5.156		13.6	
Côtes-du-Nord	22.687			26.059	54		3.372		5.3
Creuse	8.486			8.127	14	359		1.3	
Dordogne	13.313			8.124	211	5.189		10.6	
Doubs	5.401			668	626	4.733		15.5	
Drôme		2.341		5.652	271		7.993		24.8
Eure		8.348		990	45		9.338		25.0
Eure-et-Loir		845		2.133	29		2.978		10.5
Finistère	25.035			9.577	77	15.458		23.2	
Gard	2.862			11.037	198		8.175		19.3
Garonne (Haute-)	447			168	498	279		0.6	
Gers		4.824	2.810		363		2.014		7.1
Gironde	837		12.624		686	13.461		18.3	
Hérault		1.463		2.063	151		3.526		7.9
Ille-et-Vilaine	16.150			3.382	56	12.768		21.2	
Indre	10.504			4.047	36	6.457		23.0	
Indre-et-Loire	625		3.660		42	4.285		13.2	
Isère	4.022			3.132	225		828		1.4
Jura	2.566			6.126	101		3.560		12.3
Landes	13.221			15.586	102		2.365		7.8
Loir-et-Cher	4.904			1.825	40	3.079		11.3	
Loire	18.231			9.008	143	9.223		15.6	
Loire (Haute-)	9.061			6.321	30	2.740		7.9	
Loire-Inférieure	16.326			3.673	49	12.653		20.6	

	N>D	D>N	I>E	E>I	Ee	Accroissement	Diminution	Sur 1.000 habitants en 5 ans Accroissement	Diminution
Loiret	8.503	......	......	880	60	7.623	......	21.1	....
Lot	......	418	4.175	......	29	3.757	......	13.6	....
Lot-et-Garonne	......	7.109	2.270	......	99	......	4.839	....	15.3
Lozère	6.182	......	......	936	21	5.246	......	38.0	....
Maine-et-Loire	......	1.724	7.957	......	75	6.233	......	12.0	....
Manche	......	1.526	......	12.007	62	......	13.533	....	25.0
Marne	3.831	......	10.189	......	108	14.020	......	34.4	....
Marne (Haute-)	956	......	1.472	......	40	2.428	......	9.6	....
Mayenne	2.721	......	......	9.773	21	......	7.052	....	20.0
Meurthe-et-Moselle	2.743	......	11.965	......	378	14.708	......	36.3	....
Meuse	454	......	......	4.647	55	......	4.193	....	14.3
Morbihan	24.215	......	......	9.174	51	15.041	......	29.7	....
Nièvre	8.926	......	......	8.172	63	754	......	2.2	....
Nord	74.381	......	9.293	......	220	83.674	......	55.1	....
Oise	......	1.146	4.083	......	59	2.937	......	7.3	....
Orne	......	6.813	......	9.587	49	......	16.400	....	41.7
Pas-de-Calais	31.603	......	......	5.721	174	25.882	......	32.6	....
Puy-de-Dôme	2.396	......	......	6.539	73	......	4.143	....	7.3
Pyrénées (Basses-)	9.984	......	......	7.143	2.817	2.841	......	6.6	....
Pyrénées (Hautes-)	2.118	......	......	3.681	1.283	......	1.563	....	6.5
Pyrénées Orientales	5.285	......	5.630	......	44	10.915	......	55.1	....
Rhin (Ht-). (Belfort)	2.334	......	3.310	......	363	5.644	......	82.3	....
Rhône	1.955	......	38.294	......	329	36.339	......	51.5	....
Saône (Haute-)	3.056	......	......	11 203	820	......	8.147	....	26.8
Saône-et-Loire	21.445	......	......	10.165	130	11.280	......	18.4	....
Sarthe	......	4.992	......	2.330	59	......	7.322	....	16.4
Savoie	3.625	......	......	5.542	458	......	1.923	....	7.2
Savoie (Haute-)	6.437	......	......	6.151	246	286	......	1.0	....
Seine	18.445	......	370.035	......	2.409	388.480	......	161 2	....
Seine-Inférieure	8.747	......	6.907	......	203	15.654	......	19.6	....
Seine-et-Marne	82	......	1.586	......	61	1.668	......	4.8	....
Seine-et-Oise	......	5.471	21.279	......	110	15.808	......	28.1	....
Sèvres (Deux-)	8.827	......	4.621	......	20	13.448	......	39.9	....
Somme	......	830	......	4.974	50	......	5.804	....	10.4
Tarn	4.776	......	......	4.785	47	......	9	....	....
Tarn-et-Garonne	......	3.555	......	853	21	......	4.308	....	19.5
Var	......	3.610	......	3.576	52	......	7.186	....	24.3
Vaucluse	......	4.401	......	7.153	259	......	11.554	....	45.1
Vendée	15.673	......	......	5.812	12	9.861	......	23.9	....
Vienne	9.238	......	141	......	18	9.379	......	28.3	....
Vienne (Haute-)	15.904	......	......	2.633	33	13.271	......	39.5	....
Vosges	5.024	......	......	5.244	426	......	220	....	0.5
Yonne	......	1.651	......	390	71	......	2.041	....	5.7
TOTAUX	649.957	142.980	622.391	363.408	18.569	945.643	179.338	Accroissement 20.8 soit 0.42 pour 100 par an.	
	Excédent des naissances sur les décès 506.977		Excédent des immigrés sur les émigrés 259.283			Accroissement de population 776.260 24 p. 1000 habit.			

Dans ce tableau, les excédents des naissances sur les décès, des décès sur les naissances, ceux des immigrants sur les émigrants, des émigrants sur les immigrants, les accroissements et diminutions des populations des départements sont tirés des Résultats statistiques du dénombrement de 1881, tabl. 7, 8 et 9, p. 70-85. Les nombres des émigrants pour les pays étrangers sont tirés des Mouvements de l'émigration 1877, tabl. 1, p. 45-47 et 1878-1881, tabl. 1, p. 29-30.

notre population départementale de 2,799,329 habitants. Du département de la Gironde, dont l'excédent d'immigration s'est élevé à 12,624, il est parti 686 émigrants pour les pays étrangers.

On voit que pour nos populations départementales l'émigration lointaine n'est nullement en rapport avec l'émigration totale, la plupart des émigrants se bornant à se rendre dans les grandes villes des départements voisins.

II

FRANÇAIS A L'ÉTRANGER OU DANS NOS COLONIES

Le taux de notre émigration au loin semble difficile à préciser ; en est-il de même du nombre de nos nationaux émigrés et fixés hors de France? Les recensements par races, par nationalités faits dans nos colonies par notre gouvernement, et ceux faits en pays étrangers soit par leurs propres gouvernements soit par nos consuls, permettent-ils de déterminer d'une manière approximative le nombre de français habitant au-delà de nos frontières?

En juin 1870, le Census des Etats-Unis reconnaissait que sur 38,145,641 habitants, 116,240 blancs étaient nés en France (1). Or, suivant M. Bertillon père, qui se servait des nombres d'émigrants français donnés par Young durant la « période de 20 années, 1851-1870, les Etats-Unis ont reçu une moyenne annuelle de 5,760 français (ou 6,400 dans les 30 ans 1841-1870), et comme se sont manifestement les émigrants de ces 20 ou 30 dernières années qui ont constitué la grosse part de la population française constatée aux Etats-Unis en 1870, il en résulte qu'un immigrant chaque année pendant 20 ans (et même 30 ans) constitue dans une contrée une population d'environ 20 immigrés, ceux qui meurent étant, parait-il, compensés par ceux qui survivent

(1) Ninth Census, June 1870 : *The Statistics of the United States by Francis A. Walker*, Washington 1872.

des immigrés antérieurs (1). » Ce rapport de 1 à 20 ou 21.5, reconnu également par mon savant confrère pour les Anglais, les Irlandais des Etats-Unis, doit être très variable suivant la salubrité ou l'insalubrité des divers pays, et selon la mobilité de la population immigrée. La Guyane est très insalubre comparativement aux Etats-Unis. Les Français qui vont aux îles Saint-Pierre et Miquelon ne s'y fixent pas comme ceux qui vont aux Etats-Unis. Néanmoins, pour des pays relativement salubres et colonisables, un semblable rapport entre les immigrants annuels et les immigrés fixés dans ces pays peut n'être pas sans utilité pour évaluer approximativement le nombre de nos nationaux, dont d'ailleurs on peut parfois connaître la mortalité proportionnelle.

Mais pour base de cette évaluation de nos compatriotes habitant hors de France, quoiqu'imparfaite et déjà ancienne, prenons l'enquête faite en 1861 par nos Consuls (2). Nous la compléterons et en rectifierons autant que possible, les nombres d'après les recensements faits soit à l'étranger, soit dans nos colonies.

Cette enquête a fourni « d'intéressants documents, mais tous plus ou moins incomplets, beaucoup de français négligeant ou évitant de se faire inscrire aux registres d'immatriculation et restant ainsi inconnus des consulats. » D'ailleurs, « un grand nombre de nos compatriotes sont obligés, dans l'intérêt de leur commerce et de leur industrie, de se faire naturaliser à l'étranger,... Il est ainsi impossible de connaître exactement l'importance de l'élément français au dehors de notre pays. » Telle est l'assertion de la statistique officielle de la France. On ne doit donc considérer les nombres résultant de cette enquête

(1) Bertillon : *Annales de Démographie Intern.* 1877, p. 186.

(2) *Population française à l'étranger* en 1861 : *Statistique de la France*, 2 sér. t. XIII, p. LXXXI etc.

que comme des nombres très inférieurs à la réalité. En outre cette enquête ne porte pas sur certains pays étrangers, dont les uns constituent des états indépendants comme le Mexique, dont les autres sont des colonies d'États étrangers européens. De plus pour évaluer approximativement le nombre de nos émigrés fixés au dehors de la France, il faut également chercher à connaître combien sont établis dans nos propres colonies. Malheureusement, dans la plupart de nos colonies, lorsque la population est plus ou moins approximativement recensée, les différentes nationalités, les différents éléments éthniques ne sont pas suffisamment distingués pour qu'on puisse connaître exactement le nombre des français, des habitants d'origine française.

Si nous ajoutons donc aux nombres des français donnés par l'enquête des Consuls comme habitant différents pays étrangers, le nombre de ceux que de rares documents statistiques nous montrent s'être fixés depuis dans quelques uns de ces pays, ou avoir été habiter quelques unes de nos colonies, nous sommes amenés à reconnaître que le nombre des français fixés en dehors de nos frontières est bien supérieur au 316,582 indiqués d'ailleurs comme minimum, par les Consuls. Ainsi aux Etats-Unis où nos Consuls indiquaient 109,870 français en 1861, le dénombrement, fait en 1870 par le gouvernement des Etats-Unis, constate l'existence de 116,240 blancs nés en France (1), soit donc 6,370 français de plus. Mais, contrairement le Canada qui en 1861 avait 3,173 français, en 1870 n'aurait plus eu que 2,899 habitants nés en France, soit 274 de moins. Toutefois, dans cette ancienne colonie de la France, où nous semblons nous porter de moins en moins, on comptait encore en 1870 plus d'un million de français : 1,082,940 (2). M. Ra-

(1) Ninth Census, 1870, p. 338.

(2) Census of Canada, *Recensement du Canada*, par Taché, vol. 1, tabl. III, p. 332 et table IV, p. 417. Ottawa, 1873.

meau, en 1860, parlait même de 1,600 000 français (1).

Tandis qu'au Brésil en 1861 l'enquête consulaire constatait 592 français, en 1872 il y en aurait eu 6,108 (2), soit 5,516 de plus. Pareillement les Etats Argentins qui en 1861 avaient 29,196 français, en 1869 en auraient eu 35,000 (3), accroissement considérable de 5,834. Le Chili, où l'enquête de 1861 n'indiquait que 1,650 français, en aurait eu 2,484 lors du dénombrement de 1865, soit 834 de plus (4).

Si nous avions des documents statistiques sur bien d'autres pays étrangers, pareils accroissements du nombre de nos nationaux s'y montreraient également depuis 1861. Au Vénézuela, où en 1861 nous avions 1,495 de nos compatriotes, notre émigration s'y rendait en tel nombre qu'on crût devoir s'y opposer. « Pendant l'année 1875, dit M. de Boislisle, l'émigration au Brésil et à Vénézuela a pris de telles proportions qu'elle a dû être interdite (5) ».

En 1875, il y aurait eu 2,400 français domiciliés en Australie (6).

Mais arrivons à nos colonies. En 1876, M. le docteur Réné Ricoux, dans sa démographie figurée de l'Algérie, montre que la population française dans cette colonie était de 130,260 personnes nées en France et de 64,512 français nés en Algérie, soit 194,772 compatriotes (7). Le dénombre-

(1) Rameau : *Canadiens et Acadiens. La France aux Colonies*, 1861. — Boudin : *Bull. de la Soc. d'Anthrop.*, t. I, p. 325, 1860. — *Dict. Encycl. des Sciences médicales* : Canada, p. 121.

(2) Voir Loua : *Journal de la Société de Statistique*, 1877, p. 260.

(3) Voir Bertillon : *Annales de la Démographie intern.*, 1877, p. 187.

(4) Voir Bertillon : Migration : *Dict. Encycl. de Sc. Méd.*, p. 656.

(5) *Mouvement de l'émigration en France* de 1865 à 1874, p. 8, note 1; voir aussi : *Mouvement de l'émigration de* 1875 à 1877, p. 7.

(6) Voir Elisée Réclus : *Nouvelle géographie universelle*, t. II, p. 845, 1877.

(7) *Démog. figur. de l'Algérie*, p. 51, 1880. — *Annuaire statistique de la France*, t. II, 1879, p. 541.

ment de 1881 a constaté dans notre colonie 227,323 habitants nés de parents français, plus 6,614 individuellement naturalisés, indépendamment de 35,665 Israélites naturalisés tous en même temps (1).

Au Sénégal, de 1860 à 1870, suivant M. Carbonnel, il y avait à St-Louis, environ 280 créoles et un millier de metis (2). En 1872, selon M. le docteur Borius, indépendamment des militaires, marins et employés au nombre d'environ 1,500, on comptait 655 européens établis dans les parties françaises de la Sénégambie, 469 hommes et 186 femmes ; 344 habitaient St-Louis, 141 Gorée, 48 Dakar, 67 Rufisque, et 55 les comptoirs de Portudal, Sed'hiou, Carabane (3).

Au Gabon, il y avait environ 120 habitants européens, à Nossi-Bé 137, en 1879 (4), à Mayotte 149 fonctionnaires ou militaires en 1868 (5), et 2,000 de population flottante en 1880 (6). Mais dans cette population flottante doivent être compris avec quelques européens, beaucoup d'immigrants africains et asiatiques.

La population française à l'île de la Réunion, est difficile à évaluer depuis l'affranchissement général qui eut lieu en 1848. En 1862, outre 1,069 soldats et 704 fonctionnaires ou employés, la population blanche était considérée comme représentant approximativement le sixième des 193,288

(1) Résultats statistiques du dénombrement de 1881 ; ministère du Commerce, p. LX et p. 282.

(2) Carbonnel : *De la mortalité actuelle au Sénégal, particulièrement à Saint-Louis*, Thèse, Paris 1873, p. 10 et 11.

(3) Borius : Sénégambie : *Dictionnaire encyclopédique des sciences médicales*, 3e édit., t. VIII, p. 651.

(4) *Tableaux de population... 1879*, suite *des notices statist. sur les colonies françaises*, p. 247 et 232, 1881.

(5) *Annuaire encyclopédique du XIXe siècle*, 1869-1871, p. 974.

(6) *Annuaire statistique de la France*, de 1883, p. 600.

habitants de l'île (1), soit donc environ 32,000 blancs et avec les fonctionnaires et soldats environ 34,000. Depuis, en 1880 et 1881, la population de cette colonie semble bien avoir présenté quelques modifications, mais plutôt dans la proportion des immigrés venus des Indes, que dans ses autres éléments éthniques (2).

Indépendamment des quelques familles frantcis du royaume de Bhôpal, qui, suivant M. Rousselet s'y perpétueraient depuis le milieu du XVIe siècle (3), dans nos possessions des Indes, peu étendues, mais très peuplées, les français de race blanche et les Topas ou métis paraissent se trouver en très petit nombre. Sur les 285,022 habitants, il n'y aurait que 1,660 européens et 1,535 métis (4).

Parmi les habitants de l'Indo-Chine en 1879, on comptait 1,334 européens, dont 1,080 dans l'arrondissement de Saïgon; et parmi ces derniers 517 français et 119 françaises (5). En 1881, il y avait dans la Cochinchine française 1,964 européens (6). Depuis, leur nombre, a dû considérablement augmenter dans les diverses provinces de cette région orientale. Tout récemment, M. Blancsubé, le député de la Cochinchine, disait à la Chambre qu'il y avait 1,800 français électeurs sans compter leurs femmes et leurs en-

(1) Voir : Block et Guillaumin : *Annuaire de l'économie politique*, p. 271, 1865.

(2) *Tableaux de population... 1879*, suite aux *Notices statist. sur les colonies françaises*, p. 24, 1881. — *Annuaire stat. de la France*, 1883, p. 600. — A. Delteil : *Considération sur le climat de la Réunion : Archives de médecine navale*, t. XXXVI, 1881, p. 32.

(3) Rousselet : *Sur les Frantcis du royaume de Bhôpal : Bull. de la Soc. d'Anthrop*,. 2e série, t. VII, p. 614 etc.

(4) *Revue maritime et coloniale*, avril 1883, p. 519.

(5) *Tableaux de population... 1879*, suite aux *Notices stat. sur les colonies françaises ;* appendice. p. 208, 1881.

(6) *Annuaire stat. de la France*, p. 600, 1883.

fants (1). En outre il y a de nombreux marins et soldats. De 1861 à 1879, durant 19 années, d'après les nombres donnés par M. J. B. Candé, l'effectif moyen de nos troupes en Cochinchine aurait été de 6.198 hommes (2). Mais évidemment maintenant la guerre du Tonkin a motivé un accroissement considérable de nos troupes de mer et de terre. Avant cette guerre la population française dans l'Indo-Chine aurait donc toujours été d'environ 7,000 personnes.

En 1862, 1863, il n'y avait que 420, puis 433 européens à la Nouvelle-Calédonie (3). Mais depuis, cette île et les îles voisines reçurent de nombreux immigrants et déportés français. Du premier janvier 1873 au trente-et-un décembre 1878, il y eut selon M. Guyot, à l'île des Pins, une moyenne annuelle de 2,413 déportés (4). Des 11,156 européens, dont 296 femmes, transportés de 1852 à 1879 à la Nouvelle-Calédonie, il restait en cette dernière année 7,747 transportés, plus 403 fonctionnaires du personnel administratif (5). Mais en 1876, les 1,602 militaires, les 2,754 civils, les 587 employés civils, les 843 employés pénitentiaires, les 11,110 libérés, déportés et transportés, formaient une population européenne de 16,896 âmes (6).

Dans nos possessions de la Polynésie, en particulier à Taïti en 1881, il y avait 7,299 français (7). Cependant plus récemment la Revue maritime n'indique que 974 français

(1) Blancsubé : discours : Chambre des Députés, mercredi 12 décembre 1883. (*Le Temps*, 14 décembre 1883, p. 2, col. 6.)

(2) J.-B. Candé : *De la mortalité des européens en Cochinchine, depuis la conquête jusqu'à nos jours*, p. 30, Paris, 1881.

(3) *Annuaire de l'économie politique*, 1866, p. 274 et 1866, p. 241.

(4) F. Guyot : *La déportation simple à l'île des Pins* : *Archives de médecine navale*, t. XXXVI, p. 164, 1881.

(5) *Annuaire statist. de la France*, 1883, p. 150 et 153.

(6) *Annuaire statist., de 1879*, p. 574.

(7) *Annuaire statist. de la France*, 1883, p. 600, note 16.

et descendants de français à Taïti et Mooréa et 71 aux Marquises (1).

En 1880, aux îles St-Pierre et Miquelon, la population était de 4,916 habitants vraisemblablement en grand nombre français (2), car elle est formée d'anciens Acadiens, de Normands, de Basques, de Bretons (3).

Dans son étude sur la colonie de la Martinique. M. Rey, médecin principal de la marine, rappelle qu'en 1848, après la libération des esclaves, la population sédentaire était composée de 9,500 blancs environ pour 110,500 gens de couleur, et la population flottante de 2,500 fonctionnaires, militaires, et d'immigrants venus d'Afrique, de Chine et des Indes (4). Depuis cette époque ces immigrants ont pu devenir plus nombreux, mais les blancs semblent diminuer de plus en plus. En dehors des fonctionnaires, soldats et marins, sur une population totale de 166,100 en 1880 (5), M. le contre-amiral Aube disait « 8,000 blancs revendiquant une origine et filiation pure de tout croisement nous paraissent un maximum (6) ». Ainsi donc, à la Martinique, la population blanche, européenne, principalement française, y compris les fonctionnaires et les militaires ne dépasserait guère 10,000.

A la Guadeloupe et dans ses dépendances, au milieu d'une population s'élevant à 192,735 habitants en 1880 (7), les européens, les blancs ne paraissent avoir été l'objet d'aucune évaluation numérique récente. Rappelons seulement qu'en 1865-1866, M. Walther, médecin supérieur de

(1) *Revue marit. et coloniale*, avril 1883, p. 483.

(2) *Ann. stat. de la France*, 1883, p. 600, et *Revue maritime et colon.* avril 1883, p. 451.

(3) Saint-Pierre et Miquelon : *Notices sur les colonies*, 1840, p 90.

(4) H. Rey : *Et. sur la colonie de la Martinique*, p. 64, 1881.

(5) *Annuaire stat. de la France*, 1883, p. 601.

(6) Aube : *La Martinique, son présent et son avenir*, 1882, p. 6.

(7) *Ann. stat. de la France*, 1883, p. 600-1.

notre marine, indiquait 9,723 blancs créoles et 2,779 immigrés européens, soit donc 12,502 blancs (1).

A la Guyane française les blancs représenteraient approximativement le quinzième des 17,374 habitants formant la population sédentaire, soit donc environ 1,158 blancs, non compris 1,020 militaires, 230 fonctionnaires, 119 prêtres, religieux et religieuses et 1,274 transportés, hors pénitenciers, en tout 3,801 blancs, en 1880 (2). Ce nombre tend sans doute à diminuer, car en 1879 on indiquait pour le service pénitencier 342 fonctionnaires du personnel administratif et 1,431 transportés européens ou créoles (3).

En terminant cette énumération des populations de nos trop peu nombreuses colonies, je dirai qu'à l'avenir, ainsi que le remarque M. H. Rey, il y a lieu de demander que la statistique coloniale « fournisse à la démographie le nombre d'habitants, leur origine, les races auxquelles ils appartiennent (4). »

Maintenant que nous avons recherché avec peine, et souvent en vain, les nombres de nos compatriotes qui résident dans les États étrangers, au Canada, aux États-Unis, au Brésil, dans les États Argentins, en Australie ; maintenant que nous avons cherché à évaluer, trop souvent infructueusement, les nombres de français qui habitent nos colonies, l'Algérie, le Sénégal, le Gabon, Mayotte, Nossi-Bé, la Réunion, nos possessions des Indes, celles de l'Indo-Chine, la Nouvelle Calédonie, nos colonies polynésiennes, Saint-Pierre, Miquelon, la Martinique, la Guadeloupe, la Guyane ; si aux 316,582 français signalés par nos Consuls

(1) *Bulletin de la Société d'anthropologie*, 2ᵉ sér., t. IV, p. 509, 1869.

(2) *Annuaire statist. de la France de 1883*, p. 600-601. — Voir aussi, pour 1879 : *Tabl. de la population...* suite des *Notices stat. sur les colonies françaises*, p. 20, 1881.

(3) *Ann. stat. de la France*, 1883, p. 153.

(4) Rey : *Ét. sur la col. de la Martinique*, p. 76. 1881.

Tableau V

FRANÇAIS HABITANT SOIT EN PAYS ÉTRANGERS, SOIT DANS NOS COLONIES.

	Recensés par les consuls en 1861	Indiqués par divers documents statistiques (1)
EUROPE		
Angleterre	12.989	
Irlande	132	
Ecosse (occident.)	58	
Jersey	2.780	
Belgique	35.000	
Hollande	1.546	
Danemarck et Duchés	116	
Suède et Norwège	54	
Russie	2.479	
Etats Autrichiens	2.814	
Allemagne	1.429	
Prusse (approxim.)	5.000	
Suisse	45.000	
Italie	4.718	
Espagne	10.642	
Portugal	1.817	
Grèce et Iles	268	
Turquie d'Europe	594	
AFRIQUE		
Algérie		227.323
Tripoli	76	
Egypte	14.207	
Maroc	105	
Sénégal		2.155
Cabon		120
Le Cap	81	
Mayotte		149
Nossibé		137
Réunion		3.400
ASIE		
Russie Transcaucasienne	173	
Turquie d'Asie	1.725	
Perse	51	
Indes Anglaises	925	
Indes Françaises		1.660
Pointe-de-Galles	19	
Indo-Chine		8.162
Siam	15	
Chine	148	
Japon	43	
OCÉANIE		
Philippines	34	
Australie		2.400
Nouvelle-Calédonie		16.896
Polynésie française		7.299
AMÉRIQUE		
Canada	3.173	2.899
Saint-Pierre et Miquelon		4.916
Etats-Unis	109.870	116.240
Martinique		10.000
Guadeloupe		12.502
Haïti	442	
Santiago de Cuba	850	
Saint-Thomas	125	
Guyane Française		3.801
Nouvelle-Grenade	441	
Costa-Rica, Guatémala, San-Salvador	604	
Vénézuéla	1.495	
Brésil (Bahia)	592	
Paraguay	106	
Etats Argentins (Buenos Ayres)	29.196	35.000
Chili	1.650	2.484
Uruguay	23.000	
	316.582	355.604 (2)
	672.186	

(1) Voir ces documents statistiques précédemment indiqués à propos de chacun des pays.

(2) Ce total approximatif résulte de l'addition des nombres des Français de nos colonies et de ceux de quelques pays étrangers sur lesquels on a publié des documents statistiques différents de ceux recueillis par les Consuls. Aussi a-t-on dû tenir compte des différences, soit en plus, soit en moins, présentées par ces deux dernières sortes de documents. Ainsi pour les Etats-Unis, on tient compte de 6.370, différence entre 109.870 Français recensés par les Consuls et 116.240 Français indiqués par le Census américain.

en pays étrangers, nous ajoutons les 355,604 compatriotes la plupart fixés dans nos colonies, nous constatons qu'il habite hors de France, au moins 672,186 de nos nationaux ; nombre évidemment minimum, car on a vu précédemment combien sont nombreux les pays sur lesquels on n'a aucun renseignement, bien que cependant ils reçoivent plus ou moins d'émigrants venus de France.

Si nous voulons connaître approximativement le nombre de nos nationaux se trouvant hors de France, ce minimum de 672,186 doit être accru de la moitié environ de nos marins, qui passent une grande partie de leur existence en mer, loin de leur patrie. Or l'effectif de l'armée de mer était en décembre 1881 de 29,999 hommes, et celui de la marine marchande de 82,643 (1), soit donc pour les deux marines 112,642 hommes. Le nombre des français habitant ou voyageant au-delà de nos frontières serait donc au moins de 728,507 compatriotes.

Enfin remarquons encore que ce nombre de 728,507 ne semble pas comprendre les 266,758 individus qui, lors du dernier dénombrement, représentent la différence trouvée entre notre population légale de 37,672,048 habitants et notre population présente dans les diverses communes de 37,405,290 habitants. En effet l'omission de ces 266,758 habitants ayant en France leur domicile légal et n'y étant pas présents lors du recensement du 18 décembre 1881, paraît tenir principalement à l'absence de « personnes en voyage » n'ayant pu, lors de ce recensement, remplir le bulletin qui leur était destiné (2)

Néanmoins, indépendamment des 1,082,942 français descendants de nos compatriotes restés au Canada après la guerre de 1760, nous aurions en dehors de France des compatriotes moins nombreux que les étrangers se trou-

(1) *Résultats statistiques du dénombrement de 1881*, p. 219 et 227.

(2) *Rés. stat. l. c*, p. XXXV.

vant dans notre pays, puisque notre dénombrement de 1881 constate sur notre territoire au moins 1,001,090 immigrés de pays étrangers (1).

III

CAUSES DE L'ÉMIGRATION.

Après avoir étudié l'importance de notre émigration et avoir reconnu qu'elle semble s'élever approximativement, année moyenne, à 15,000 personnes, dont un tiers seulement du sexe féminin ; après avoir montré que la plupart de nos émigrants viennent de nos départements du midi et de l'est, principalement des pays montagneux, surtout de nos Pyrénées occidentales; après avoir cherché combien de nos compatriotes sont fixés dans nos colonies et dans les pays étrangers, et avoir cru pouvoir en évaluer le nombre minimum à 672,000 âmes ; voyons quelles causes, quels motifs les déterminent à s'éloigner du lieu de leur naissance, à franchir les frontières de notre territoire.

L'homme n'émigre pas, en général, quand il pense avoir plus de bien-être, une existence plus heureuse dans son pays qu'il n'en aurait en pays étrangers. Contrairement, il est porté à émigrer quand il pense trouver cette existence heureuse, ce bien être désiré ailleurs que dans sa patrie. Le principal mobile de l'émigrant est le désir d'améliorer sa situation sociale. Nos compatriotes riches émigrent peu, retenus dans leur pays par une existence heureuse. Les hauts salaires, qui attirent tant d'étrangers en France, doivent aussi y retenir nos compatriotes. En 1861, M. Legoyt disait : « En présence de l'accroissement incessant des salaires, surtout dans les campagnes, et par conséquent de la part de plus en plus large du travail dans les bénéfices de la production, (la France) ne craint pas que de longtemps l'émigration entraîne profondément ses populations ou-

(1) *Rés. stat. l. c.*, p. XL et 92.

vrières (1). » Actuellement, en 1883, il ne paraît plus en être tout à fait de même. Cette augmentation des salaires, et son action restrictive de l'émigration en pays éloignés semblent encore parfaitement exactes. Mais l'augmentation des salaires, beaucoup plus grande dans les villes, dans les centres industriels que dans les campagnes, loin de retenir les ouvriers dans ces campagnes, détermine une émigration de plus en plus considérable des ruraux vers les villes. Bien que le morcellement de plus en plus grand de la propriété, en la rendant accessible à plus d'habitants, en retienne quelques-uns dans les campagnes; la concurrence de plus en plus grande faite par l'importation aux produits indigènes, en rendant l'agriculture de moins en moins rémunératrice, détermine beaucoup de ruraux à abandonner les travaux des champs pour se porter vers l'industrie ou le commerce. Aussi, ainsi que je l'ai montré dans un précédent mémoire présenté à cette Académie, 26 de nos départements, de 1836 à 1881, ont perdu 648,027 habitants. Et sur ces 26 départements bien que 8 départements présentent un excédent plus ou moins considérable des décès sur les naissances, 25 doivent une partie ou la totalité de leur diminution de population à l'émigration de leurs habitants (2). Mais ces émigrants se dirigent en grand nombre vers les villes, en petit nombre vers les pays éloignés.

Les hauts salaires retiennent donc nos compatriotes sinon dans les campagnes, du moins dans les villes. Toutefois, il faut remarquer que les salaires qui paraissent élevés à beaucoup d'immigrés étrangers dont les besoins sont fort limités, sont souvent loin de paraître suffisants à nos compatriotes dont les besoins réels ou factices sont plus éten-

(1) Legoyt : *L'émigration européenne*, p. xxx, 1861.

(2) G. Lagneau : *Du dépeuplement, de la décroissance de population de certains départements de France : Compte-rendu de l'Académie des Sciences morales et politiques*, 1883.

dus et plus impérieux. Pareille remarque m'était récemment faite à propos de l'émigration anglaise si considérable. Par suite de la concurrence que, dans les grandes villes, leur font les immigrants allemands, qui savent se contenter de salaires relativement peu élevés, beaucoup d'anglais préféreraient émigrer, espérant trouver dans leurs nombreuses et riches colonies des emplois, des métiers plus rémunérés, des gains, des bénéfices plus considérables. En France, bien que l'immigration d'étrangers soit très grande, elle ne semble pas avoir encore ce résultat ; elle ne paraît pas accroître notablement l'émigration de nos nationaux.

Notre faible émigration est-elle « due au faible accroissement de notre population » (1)? L'émigration en général, est-elle déterminée par un excès de population par une population spécifique trop élevée? Telle paraît avoir été anciennement l'opinion de Tite-Live lorsqu'il nous montre un chef des Bituriges, Ambigat, chargeant ses neveux de conduire en Italie et en Germanie de nombreux émigrants, afin de décharger ses États d'une population exubérante (2). Telle fut également l'opinion de Dudon de Saint-Quentin motivant l'immigration des Scandinaves dans notre Neustrie par l'exubérante population de leurs pays du Nord (3).

Telle est encore l'opinion d'économistes distingués. En parlant de l'Allemand, très disposé à émigrer, M. Duval re-

(1) *Statistique de la France*, 2ᵉ *sér.*, t. X, p. LXXVI.

(2) *Ambigatus.., exonerare prægravante turbâ regnum cupiens, Bellovesum ac Sigovesum, sororis filios, impigros juvenes, missurum se esse in quas Dii dedissent auguriis sedes, ostendit.... tum Sigoveso sortibus dati Hercinii saltus : Belloveso haud paulo latiorem in Italiam viam Dii dabant.* Tite-live l. V, capit. XXIV, éd. Dureau de Lamalle et Noël. t. III, p. 131.

(3) *Exuberantes atque terram quam incolunt habitare non sufficientes, collecta sorte multitudine, pubescentium, veterrimo ritu, in externa regna extraduntur.* Dudon de Saint-Quentin apud *Andreas Duchesnius : Hist. Norman. scriptor.* p. 62, *Lutetiæ Parisior.* 1619.

marque que « ses mœurs patriarcales, qui l'invitent à s'entourer d'un cortége de nombreux enfants, ont besoin de plus d'espace que n'en peuvent accorder aux nombreuses familles les sociétés, qui approchent de leur maximum de population (1). »

L'accroissement de la population, en effet, peut parfois déterminer l'émigration. Il faut cependant remarquer que ce ne sont pas de nos départements les plus peuplés, à population spécifique la plus élevée que proviennent nos émigrants. Durant 25 années, de 1857 à 1881, le service de l'émigration a noté 1,012 émigrants pour le département du Nord et 10,555 pour celui de la Seine, alors qu'il en comptait 33,461 pour le département des Basses-Pyrénées. Or, au recensement de décembre 1881, la population spécifique, le nombre d'habitants par kilomètre carré était de 282,2 dans le département du Nord, de 5,844,1 dans celui de la Seine, alors qu'il n'était que de 57,0 dans celui des Basses-Pyrénées (2).

Une population nombreuse ne semble déterminer l'émigration que lorsque, par suite de cette population nombreuse, les conditions nécessaires à l'existence deviennent insuffisantes, soit que les matières alimentaires locales viennent à manquer, soit que les gains, les salaires, permettant de les faire venir, deviennent eux-mêmes insuffisants. Ainsi peut s'expliquer, en partie du moins, pourquoi les départements montagneux, en général peu fertiles, comme ceux des Basses-Pyrénées, des Hautes-Pyrénées, de la Haute-Garonne, de l'Ariége, des Hautes-Alpes, des Basses-Alpes, de la Savoie, de la Haute-Saône, se trouvent, au nombre de ceux d'où proviennent plus ou moins d'émigrants. Toutefois, quand on sait que certains de ces départements, comme ceux des Basses et Hautes-Pyrénées, des Hautes et Basses-

(1) J. Duval : *Hist. de l'émigration*, p. 107.

(2) *Résultats statistiques du dénombrement de 1881*, p. XXXI 1883.

Alpes, de 1836 à 1881 ont perdu de 2 à 17 p. 100 de leur population (1), qui y vivait et prospérait antérieurement, on est amené à attribuer cette dépopulation, cette émigration si considérable, moins à l'insuffisance des subsistances, ou à la difficulté de s'en procurer, qu'à l'attraction qu'exercent les hauts salaires urbains sur la plupart des émigrants, et les gains plus élevés sur quelques autres émigrants s'embarquant pour les pays lointains.

Cette dernière attraction semble d'ailleurs favorisée par la facilité, par la multiplication des relations internationales. En effet, parmi les départements fournissant de nombreux émigrants par voie maritime, nous avons vu plusieurs départements montagneux ; mais nous pouvons également remarquer que de nombreux émigrants proviennent de certains départements ayant de grands ports de commerce. De 1857 à 1881, le département de la Gironde et celui des Bouches-du-Rhône auraient vu 13,313 et 6,311 de leurs habitants émigrer à destination de pays étrangers. Les nombreux navires qui partent de Bordeaux et de Marseille semblent solliciter les habitants de ces départements à s'embarquer pour les pays lointains. Le département des Basses-Pyrénées qui fournit le plus grand nombre d'émigrants réunit les deux conditions. Il est montagneux, et a un port important, celui de Bayonne.

Si l'espérance de faire fortune à l'étranger, d'obtenir une situation sociale plus heureuse que celle dont on jouit dans son pays, si la fréquence des relations internationales et la facilité des communications avec les pays d'au-delà des mers, paraissent être les motifs principaux qui déterminent l'émigration, il en est d'autres secondaires qui peuvent aussi engager à s'éloigner.

M. Duval a rappelé que certaines lois restrictives, principalement relatives au mariage, dans divers pays d'Alle-

(1) G. Lagneau : *Du dépeuplement... l. c.*

magne, en Bavière, dans le Wurtemberg, semblaient favoriser l'émigration (1). Nos lois libérales, égalitaires, semblent plutôt faites pour retenir nos compatriotes. « Le droit d'aînesse qui fait partie de la législation des Anglais, remarquait M. de Quatrefages, est une circonstance très favorable à l'émigration des cadets... La conscription... retient le jeune homme en France et le force à atteindre, avec la durée du service, un âge où les illusions sont dissipées et où l'esprit d'aventure s'est affaibli (2). » Maintenant, la moindre durée du service militaire, de même qu'elle facilite le mariage, doit également atténuer l'obstacle qu'un service prolongé pouvait apporter à notre émigration.

La généralisation et la durée du service militaire diffèrent peu actuellement en France et en Allemagne. Aussi est-il difficile d'attribuer à notre service militaire le faible nombre de nos émigrants, lorsqu'on sait combien sont nombreux les émigrants qui, chaque année, partent de l'Allemagne. En 1875, des trois ports de Hambourg, de Brême et de Stettin sont partis 56,289 émigrants (3), outre les 5,105 Austro-Allemands, dont, en France, le service d'émigration constata l'embarquement au Hâvre, à Bordeaux et à Marseille (4).

Contrairement, dans un sens complètement opposé, l'obligation du service militaire a paru devenir un motif d'émigration pour de trop nombreux jeunes gens préférant s'expatrier plutôt que de devenir soldats. « L'administration, dit M. de Boislisle, a cru devoir rechercher si la

(1) Duval : *Hist. de l'émig.*, p. 60.

(2) D. Quatrefages : *Bull de la Soc. d'Anthrop.*, t. IV, p. 370 etc., 1863.

(3) Reichsanzeiger, 23 févr. 1877. — *Revue d'Anthrop.*, t. VI, p. 546, 1877.

(4) *Mouvement de l'émigration en France 1875 à 1877*, p. 24, 26 et 28.

progression constatée dans le nombre des émigrants, depuis 1865, ne correspondait pas au chiffre des individus qui n'ont point satisfait à la loi militaire, pendant la même période. Cette progression existe, en effet, entre l'émigration et les désertions anticipées. (1) »

D'après les nombres recueillis par le service de l'émigration, les six départements qui, de 1865 à 1881, auraient eu le plus d'émigrants insoumis sont ceux des Hautes-Pyrénées, de la Haute-Garonne, des Hautes-Alpes, de la Savoie, du Gers et des Basses-Alpes, qui ont eu de 1,802 à 321 émigrants insoumis (2). Pour bien établir cette corrélation entre les insoumis et ceux dont le départ a été constaté par le service de l'émigration, il faudrait pouvoir comparer, par départements, durant une même période, d'une part, les insoumis d'après les comptes-rendus du recrutement de l'armée, d'autre part, les émigrants insoumis indiqués dans les mouvements de l'émigration. Mais ces deux sortes de documents, recueillis de manières diverses, ne sont pas parfaitement comparables. Si les mouvements de l'émigration indiquent les insoumis de 1865 à 1881, les comptes-rendus du recrutement, après les avoir donnés de 1841 à 1868 (3), n'en font plus mention durant la période troublée de 1870, 1871 et 1872, et dès 1875 au lieu de les indiquer par départements, ils les indiquent par chefs-lieux de subdivisions de régions. Le rapprochement de ces deux sortes de documents semblerait néanmoins montrer que, parmi les départements à nombreux insoumis ayant émigrés, ne figurerait pas celui des Basses-Pyrénées, que cependant, d'une part, on a vu précédemment avoir présenté le nombre maximum de 33,461 émigrants de 1857

(1) *Mouv. de l'émig. de 1865 à 1874*, p. 7.

(2) *Mouv. de l'émig. 1865-1874*, p. 22-24, tabl. 2 ; — 1875-1877, p. 21, 22, 33, 34, 45, 46, tabl. 1 ; — 1878-1881, p. 10.

(3) *Comptes-rendus du recrutement de l'armée, année 1869*, tabl. 2, p. 86-89.

Tableau VI

NOMBRES [illegible] DÉPARTEMENTS DES INSOUMIS N'AYANT PAS SATISFAIT A LA LOI MIL[illegible], D'APRÈS LES COMPTES-RENDUS DU RECRUTEMENT DE 1841 A 1868, ET [illegible] INSOUMIS AYANT ÉMIGRÉ AVANT D'AVOIR SATISFAIT A CETTE LOI, D'[illegible] LES MOUVEMENTS DE L'ÉMIGRATION DE 1865 A 1881.

	Insoumis de 1841-1868	Insoumis émigrés 1865-1881		Insoumis de 1841-1868	Insoumis émigrés 1865-1881
Basses-Pyrénées	7.658	130	Ardèche	141	
Hautes-Pyrénées	1.760	1.802	Vosges	141	34
Bas-Rhin	1.707		Orne	134	3
Seine	1.241		Charente	132	3
Moselle	897		Sarthe	128	32
Haute-Garonne	841	584	Oise	126	2
Cantal	776		Yonne	124	39
Gironde	676	38	Aisne	116	3
Meurthe	669		Seine-et-Marne	115	3
Haut-Rhin	611	5	Tarn	113	12
Pyrénées-Orientales	593	2	Savoie (1)	112	427
Puy-de-Dôme	482	17	Ardennes	106	
Seine-Inférieure	423	185	Jura	106	5
Gers	412	324	Nièvre	103	4
Aveyron	406	35	Allier	102	
Doubs	402	58	Gard	99	
Haute-Loire	389	13	Landes	97	1
Haute-Saône	379	110	Finistère	96	8
Corse	374	142	Ain	86	26
Nord	368	64	Indre-et-Loire	86	40
Creuse	300	5	Meuse	85	4
Bouches-du-Rhône	285	217	Loiret	82	
Côtes-du-Nord	282	5	Marne	81	12
Basses-Alpes	276	321	Indre	76	25
Rhône	273	257	Ille-et-Vilaine	73	20
Alpes-Maritimes	250		Maine-et-Loire	73	5
Manche	239		Lot-et-Garonne	72	13
Corrèze	221	3	Aude	71	32
Calvados	217	4	Vienne	68	45
Somme	211	11	Drôme	65	8
Charente-Inférieure	194		Cher	64	17
Ariège	190	39	Eure	63	10
Pas-de-Calais	186	28	Mayenne	63	
Haute-Vienne	183	9	Côte-d'Or	62	11
Var	182	12	Deux-Sèvres	52	
Hérault	180	59	Vaucluse	51	99
Loire-Inférieure	179	15	Aube	50	6
Saône-et-Loire	178	8	Loir-et-Cher	40	5
Hautes-Alpes	177	444	Haute-Marne	39	14
Isère	167	74	Eure-et-Loir	34	
Loire	160	176	Tarn-et-Garonne	32	15
Lozère	150	1	Lot	28	13
Seine-et-Oise	149	1	Morbihan	25	
Dordogne	145	33	Vendée	14	
Haute-Savoie (1)	142	197			

(1) Pour la Savoie et la Haute-Savoie, les nombres des Insoumis émigrés indiqués dans les mouvements de l'émigration, 427 et 197, sont plus considérables que les nombres des Insoumis indiqués par les comptes-rendus du Recrutement, 112 et 142. On peut l'expliquer par la différence des périodes relevées par ces deux sortes de documents. En 1868, ces départements étaient depuis peu d'années réunis à la France, en 1881, ils l'étaient depuis longtemps.

à 1881, et que, d'autre part, les comptes-rendus du recrutement de 1841 à 1868 signalent également comme ayant présenté le nombre maximum de 7,658 insoumis. En effet, on voit que de 1865 à 1881, le service de l'émigration n'indique, dans ce département des Basses-Pyrénées, que 130 insoumis ayant émigré, tandis que de celui des Hautes-Pyrénées, que les comptes-rendus du recrutement de 1841 à 1868 montrent avoir le nombre de 1,766 insoumis, 1,802 auraient émigré de 1865 à 1881. Ainsi donc les émigrants des Basses-Pyrénées contrôlés par le service de l'émigration seraient plus de trois fois plus nombreux que ceux des Hautes-Pyrénées, dans le rapport de 33,461 à 10,892; de même les insoumis au service militaire, relevés par les comptes-rendus du recrutement, y seraient quatre fois plus nombreux, dans le rapport de 7,658 à 1,766; mais les insoumis au service militaire ayant par anticipation émigré sous le contrôle du service de l'émigration y seraient plus de treize fois moins nombreux dans le rapport de 130 à 1,802. Cette remarque montre seulement que les 33,461 émigrants contrôlés par le service de l'émigration, et en particulier les 130 insoumis enregistrés par ce service sont loin de représenter la totalité des émigrants, et en particulier des insoumis de ce département des Basses-Pyrénées; et que beaucoup d'émigrants s'embarquent sur des navires français non contrôlés par le service de l'émigration, ou passent la frontière pour aller s'embarquer à l'étranger, en Espagne, ainsi qu'il a été établi précédemment.

D'ailleurs malgré les modifications apportées aux comptes-rendus du recrutement depuis 1875, on constate qu'actuellement encore le nombre des insoumis est considérable dans les Basses-Pyrénées. De 1875 à 1882, alors que pour toute la France on compte 19,332 insoumis, il y en a 2,588 à Bayonne et 1,883 à Pau (1).

(1) *Compte-rendu du recrutement*, 1875 à 1882, tabl. 2.

En constatant dans ce département des Basses-Pyrénées le nombre considérable de 7,658 insoumis de 1841 à 1868, antérieurement à la guerre avec l'Allemagne, on est amené à reconnaître que ce n'est pas l'imminence des dangers que redoutent les habitants du pays Basque et du Béarn. Ces émigrants évitent le service militaire en temps de paix comme en temps de guerre. On ne peut douter du courage des descendants des Aquitains, de race ibérienne, selon Strabon, (1) des descendants des Ibères, dont le corps, suivant Justin, ne redoute pas plus la faim et la fatigue que leur cœur ne redoute la mort; qui préfèrent la guerre au repos (2).

De la Haute-Savoie, et surtout de la Savoie, beaucoup de jeunes gens émigrent également avant d'avoir satisfait au service militaire.

M. Gabriel Charmes, qui montre que, contrairement à la loi du 27 juillet 1872, le Gouvernement est obligé d'amnistier ces jeunes émigrés, rappelle que la Chambre de commerce de Bordeaux, tenant compte des épreuves de tout genre, et des dangers auxquels expose inévitablement l'expatriation, demande « d'introduire dans le projet de modification de la loi militaire une disposition en vertu de laquelle les jeunes français, désireux de se rendre dans une colonie entre seize et dix-sept ans, obtiendraient des autorités compétentes un permis de séjour hors d'Europe, sans obligation de retour dans la mère-patrie à époque déterminée (3). »

Une demande analogue aurait été faite par la Chambre

(1) Strabon : *l.* IV, *cap.* I, § 1, p. 146.

(2) *Corpora hominum ad inediam laboremque, animi ad mortem parati... Bellum quam otium malunt.* Justin, l. XLIV, § 1 ; texte et trad. Nisard, Ed. Dubochet, p 551.

(3) G. Charmes : *La Politiq. colon.* : *Revue des Deux-Mondes*, 1er nov. 1883, p. 80.

de commerce de Marseille. Et tout récemment « considérant qu'il est du plus grand intérêt d'encourager, par tous les moyens, l'émigration des jeunes gens instruits et intelligents disposés à s'établir dans nos colonies et dans les pays hors d'Europe, pour y développer nos relations commerciales, » 54 Chambres de commerce de nos principales villes auraient demandé « d'accorder, en temps de paix, aux jeunes gens séjournant aux colonies ou hors d'Europe un sursis d'appel de cinq ans, sursis qui se transformerait en exemption définitive après un nouveau séjour de cinq années consécutives. »

Aussi un amendement visant cette dispense du service militaire pour les jeunes français émigrés, vient-il d'être discuté à la Chambre des Députés (1).

Maintenant en terminant l'exposé des causes qui déterminent l'émigration, nous pouvons dire que le principal mobile de l'émigrant est le désir de se procurer, en pays étranger, une situation sociale plus heureuse que celle qu'il est en droit d'espérer dans son propre pays ; — que ce désir peut se manifester davantage, mais non exclusivement, au milieu d'une population surabondante ; — que la fréquence des relations internationales, que la facilité des communications et des moyens de transport déterminent souvent l'émigrant ; — que certaines obligations, en particulier celle du service militaire, semblent solliciter au départ.

(1) *Le Temps*, 1er mai 1884, 2e p. 4e col. ; 28 mai, 2e p. 3e col. ; 12-16 juin : Séances du 10 juin 1884 et autres.

IV

CONSÉQUENCES DÉMOGRAPHIQUES DE L'ÉMIGRATION.

Après les causes de l'émigration, recherchons quelles en sont les conséquences au point de vue démographique.

Ces conséquences démographiques sont relatives soit aux français demeurés dans notre pays, soit aux français émigrés. Les unes et les autres sont utiles à préciser, car elles peuvent intéresser l'avenir de notre nation.

Pour apprécier l'influence que peut avoir l'émigration sur les conditions démographiques, il faudrait pouvoir comparer la natalité, la mortalité et l'accroissement de l'ensemble de notre population à deux périodes différentes, l'une de grande émigration, l'autre d'émigration restreinte. Il faudrait pouvoir comparer les mouvements démographiques de notre nation, d'une part au XVIIIe siècle, alors que la Louisiane, le Canada, l'Ile-Maurice, voire même de vastes contrées dans les Indes Orientales, nous appartenaient; et d'autre part dans le premier tiers du siècle actuel, alors que n'ayant plus ni la Louisiane, ni le Canada, n'ayant plus que quelques petits territoires dans les Indes, nous n'avions pas encore l'Algérie. L'absence de documents relatifs au siècle dernier ne permet pas de comparer les mouvements de la population. Quant à l'accroissement de l'ensemble de la population à ces deux époques, l'imperfection des anciens dénombrements faits par feux et par provinces, puis par habitants et par départements ne permet pas de l'évaluer même approximativement. La population française de 1700 à 1785 se serait élevée de 19,669,320 à environ 24,800,000, soit donc de 5,130,680 habitants en 85 ans, alors que dans un temps près de trois fois moindre, de 1801 à 1831, en 30 ans, elle se serait élévée de 27,348 003 à 32,569,223 habitants, soit du nombre un peu supérieur de 5,221,220 habitants. (1) Au point de vue démographique, cette comparaison de deux périodes, la première de grande émigration, la seconde de minime émigration, semblerait peu favorable à l'émigration, à la colonisation. Mais on ne peut accorder grande valeur à ces documents anciens, très imparfaitement recueillis.

A défaut de documents statistiques peu valables sur l'ensemble de la population de la France, bornons-nous à comparer ces mouvements, cet accroissement à l'époque actuelle dans les départements d'où partent de nombreux émigrants et dans ceux d'où ne partent que quelques émigrants.

Cette comparaison permettra au moins d'apprécier les craintes qui ont motivé les protestations de Conseils généraux de plusieurs départements, en particulier de la Haute-Saône et des Basses-Pyrénées (2).

Parmi les départements qui comptent le plus d'émigrants à destination, soit intérieure vers d'autres départements, soit extérieure vers des pays étrangers, la natalité est assez élevée, ainsi qu'on peut le voir sur le tableau IV. Les naissances tendent à combler les vides laissés par les émigrants. Les départements des Côtes-du-Nord, des Landes, de l'Aveyron, dont nous avons vu les excédents d'émigrants, de 1876 à 1881, s'élever à 26,059, à 15,586, à 14,737 présentent également des excédents de naissances de 22,687, de 18,221, de 15,982, nombres bien rapprochés, parfois supérieurs. Toutefois, il en est qui, comme les départements de l'Ardèche et de la Haute-Saône, ont des excédents de 11,793, de 11,203 émi-

(1) *Statistique de la France*, t III, p. 154-155 et 266.

(2) Voir : Jules Duval : *L'Algérie et les colonies françaises*, p. 33-36, 1877, Paris.

grants, et n'ont que des excédents de 4,282, de 3,056 naissances. Il en est même, comme le département de la Manche, où au déficit d'un excédent de 12,007 émigrants vient s'ajouter un déficit d'un excédent de 1,526 décès. Tels sont 13 autres départements, parmi lesquels se remarquent ceux de l'Orne, du Calvados, de Vaucluse, de l'Hérault, etc. Mais, dans 27 départements l'excédent fort ou faible des émigrants se trouve, non-seulement compensé, mais voir même dépassé, par l'excédent des naissances. Dans ces nombreux départements cette natalité supérieure suffit pour montrer que l'émigration ne tient pas aux mauvaises conditions biologiques de la population qui s'y montre prospère et féconde.

Quant à l'émigration vers les pays lointains, de même que l'émigration intérieure, plus générale, d'un département à l'autre, elle semble plus ou moins compensée par la natalité. Dans les départements des Basses et Hautes-Pyrénées, dont les excédents de l'émigratiou totale seraient de 7,143 et de 3,681 émigrants, sur lesquels 2,817 et 1,287 à destination transatlantique, les excédents de la natalité seraient de 9,984 et de 2,118 naissances. Pour le premier de ces départements, celui dont l'émigration pour les pays étrangers est surtout considérable, l'excédent de la natalité serait notablement supérieur à l'excédent de l'émigration. Pour le second de ces départements, pour celui des Hautes-Pyrénées les conditions démographiques seraient moins avantageuses.

Ainsi donc l'excédent de l'émigration qu'elle s'effectue d'un département vers d'autres départements, ou vers des pays étrangers, est souvent compensé, voire même dépassé, par un excédent de la natalité sur la mortalité. L'émigration peut donc ne faire aucun obstacle à la prospérité de la population de laquelle elle provient.

Si à la suite de ces remarques sur la natalité et la mortalité des populations départementales, on veut tenir compte de l'accroissement ou de la diminution de ces populations, on voit que 31 des 34 départements, qui, sur nos 87 départements, ont présenté une diminution de population, font partie des 58 qui ont offert un excédent d'émigrants sur les immigrants. On est donc amené à penser que l'émigration entre pour une grande part dans la diminution des nombreuses populations départementales. Mais ainsi que je l'ai déjà fait observer, cette émigration est principalement intérieure, d'un département à un autre département, des campagnes vers les grandes villes.

Quant aux départements qui envoient le plus de leurs émigrants en pays étrangers, ils sont loin d'être ceux dont la population diminue le plus. Plusieurs même voient leur population s'accroître notablement. D'abord les départements de la Seine, de la Gironde d'où proviennent 2,409 et 686 émigrants pour les pays lointains, par suite de la présence de grandes villes déterminant une immigration considérable, voient leur population s'accroître de 388,448, de 13,461 habitants, soit de 161,2 et 18,2 pour 1,000. Mais pour ces départements l'influence de l'émigration lointaine n'est nullement appréciable par suite de cette énorme immigration urbaine. Si parmi les autres départements qui envoient le plus d'émigrants à l'étranger, les départements des Hautes-Pyrénées, de la Haute-Saône, de la Savoie, des Vosges, avec leurs 1,283, 820, 458 et 425 émigrants à destination lointaine, voient leur population décroître de 6,5, de 26,8, de 7,2, de 0,5 pour 1,000 habitants, le département des Basses-Pyrénées, d'où provient le nombre maximum de 2,817 émigrants transatlantiques, ainsi que les départements de la Corse et du Doubs, avec leurs 725 et 626 émigrants, voient leur population s'accroître de 2,841, de 9,938, de 4,733 habitants, c'est-à-dire de 6,6, de 37,8 et de 15,5 sur 1,000. L'émigration vers l'Amérique, que M. Fuster, en

1876, signalait comme dépeuplant, surtout depuis 20 ans, le département des Basses-Pyrénées (1), cette émigration, quoique considérable encore, n'a plus ce résultat fâcheux. De 1872 à 1881, la population de ce département s'est accrue successivement de 426,700 à 431,525 et à 434,366 (2) ; bien que la population partielle des arrondissements d'Orthez et d'Oloron ait encore décru faiblement de 137,422 à 137,147 durant la période 1876-1881.

Ainsi donc, contrairement à l'émigration intérieure, de département à département, l'émigration à destination lointaine, en pays étrangers, ne semble pas porter atteinte à l'accroissement de la population.

Une haute natalité, un grand accroissement de population sont donc parfaitement compatibles avec l'émigration.

En France, de même, quoique dans une beaucoup moindre proportion qu'en Angleterre, dont l'excédent de l'émigration sur l'immigration de 1871 à 1880 a été de 169,962 personnes, 138,324 du sexe masculin et 31,638 du sexe féminin (3), l'émigration lointaine, en favorisant la natalité, loin de restreindre, accroit la population. « On se plaint de la faible fécondité dans notre pay. A cela, dit M. Frédérick Passy, il n'y a qu'un remède, la colonisation (4). » « Une émigration régulière et considérable, sur laquelle le peuple compte, dit M. Leroy Beaulieu, doit augmenter la population loin de la restreindre (5). »

(1) Fuster : *De la dépopulation des campagnes et des progrès de l'émigration vers l'Amérique* : Association pour l'avancement des sciences. Sess. de Clermont-Ferrand, 1876, p. 1054 etc.

(2) *Résultats statist. du dénombrement de 1881*, p. 28, tabl. I.

(3) *Forty third annual report of the Registrar general of Births, Deaths and Marriages in England, of 1880*, p. VI, etc. London, 1882.

(4) *Journal de la Société de statistique*, 1873, p. 300.

(5) Leroy-Beaulieu : *l. c.* p. 475.

Lorsque « la migration devient un courant continu, une habitude pour ainsi dire physiologique du pays qui la fournit, remarque Bertillon père, la natalité n'y est plus seulement comme ailleurs, en relation avec la production et avec la mortalité du pays, mais encore avec l'émigration (1). » « Si dans tous nos départements s'établissaient des courants réguliers d'émigration, observe M. Charmes ; si chacun d'eux avait au-delà des mers, une sorte de succursale peuplée de parents et d'amis des familles métropolitaines ; si les pères et les mères savaient que leurs enfants, arrivés à l'âge adulte, pourront trouver là, dans un milieu français une vie prospère, la France deviendrait aussi prolifique que l'Angleterre ou l'Allemagne (2). »

La différence considérable dans la proportion des individus de l'un et l'autre sexes prenant part à l'émigration détermine une inégalité notable entre les garçons et les filles restant en France. Bertillon père, en attribuant à l'émigration de 61 hommes pour 39 femmes sur 100 émigrés la prédominance considérable des femmes restant en Angleterre, remarque que cette prédominance « porte exclusivement sur la population au-dessus de 20 ans (3). » En France, cette prédominance semblerait porter particulièrement sur la population de 19 à 24 ans. En 1881, en France, tandis que pour 332,421 hommes il y a 332,030 femmes de 18 ans ; tandis que pour 1,295,149 hommes il y a 1,255,537 femmes de 25 à 30 ans ; il n'y a que 1,943,816 hommes pour 2,068,312 femmes de 19 à 24 ans (4).

Cette inégalité numérique des garçons et des filles restés

(1) Bertillon : *Migration : Dict. enc. des sciences méd.*, p. 658.

(2) G. Charmes : *l. c.*

(3) Bertillon : *Bretagne (Grande) Dict. enc. des sciences méd.*, p. 589.

(4) *Résultats statist. du dénombrement de 1881*, p. 139-142, 163-166, tabl. 5. D.

en France a-t-elle quelque influence sur la natalité illégitime, sur la proportion des naissances naturelles?

Le dénombrement de 1881 a montré qu'en France sur 37,405,290 habitants, il y avait 18,656,518 individus du sexe masculin et 18,748,772 du sexe féminin (1) soit pour 100 habitants 49,88 du sexe masculin pour 50,12 du sexe féminin. Et pour les années 1876, 1877, 1878, comme d'ailleurs approximativement pour les autres années, la proportion des naissances illégitimes aux naissances totales a été de 7,09 sur 100 (2).

Or, dans les deux départements à grande émigration lointaine, dans ceux des Basses et Hautes-Pyrénées, sur 668,268 habitants il y avait 325,220 individus du sexe masculin et 343,048 du sexe féminin, soit un excédent de 17,028 de ce dernier, soit 48,66 pour 100 du premier et 51,34 du second. Et de 1876 à 1878 la proportion des naissances illégitimes aux naissances totales n'a été que de 6,27 sur 100 (3).

Pareillement dans les quatre départements à grande émigration générale, principalement intérieure, de départements à départements, si celui des Landes présente une natalité illégitime de 7,65 sur 100 de 1876 à 1878, un peu supérieure à la natalité illégitime moyenne de la France entière, les trois départements de la Manche, des Côtes-du-Nord, surtout de l'Aveyron, qui, sur 1,556,908 habitants en comptent 758,118 du sexe masculin et 798,790 du sexe féminin avec un excédent de 40,672 filles ou femmes, soit pour 100 habitants 48,69 du sexe masculin et 51,31 du sexe féminin, ne présentent qu'une natalité illégitime remarquablement faible, de 3,73 pour 100.

(1) *Résultats statist. du dénomb.*, p. 168-171, tabl. 6.

(2) *Stat. de la France*, 1878, 3e sér, t. VIII, p. XXIX.

(3) *Stat. de la France*, 1877, 1878, tabl. 4, p. 24-27. — *Annuaire Stat. de la France*, 1876, p. 44-47.

Ainsi donc, bien que déterminant un excédent notable du sexe féminin dans certains départements, l'émigration ne parait avoir aucune influence fâcheuse sur la natalité illégitime de ces départements ; elle n'en accroît nullement la proportion.

Toutefois la faible natalité illégitime, tout en semblant témoigner de la moralité relative des filles qui restent dans leur pays, n'implique nullement que leur conduite soit toujours régulière, surtout quand elles s'éloignent de leurs familles. M. Jeannel a montré qu'à Bordeaux de 1855 à 1860 inclusivement sur 1067 prostituées inscrites 162 (1), près d'un sixième venaient du département des Basses-Pyrénées.

Parmi les émigrants qui vont à l'étranger chercher une situation meilleure que celle qu'ils ont dans leur pays, la plupart sont relativement pauvres. En quittant leur pays, ils laissent à leurs compatriotes des emplois, des métiers plus nombreux, et conséquemment accroissent leurs moyens d'existence. Ainsi que le remarque M. Duval, à propos du duché de Bade, l'émigration se restreignant presque exclusivement à la partie pauvre de la population, a « l'heureuse conséquence de permettre aux travailleurs qui sont restés, un gain meilleur et plus assuré (2). » En outre, les émigrés restent toujours plus ou moins en relation avec leurs compatriotes ; ils leur créent des débouchés, des carrières nouvelles, ils leur envoient produits et argent, en échange de ce dont ils ont besoin. « Les Basques français de la Plata, selon M. Simonin, nous rapportent annuellement un commerce de 380 millions, et ils ne nous coûtent rien (3). » « Si le commerce extérieur se développe

(1) J. Jeannel : *De la prostitution publique*, 2 éd. 1863, p. 160.

(2) Duval : *Hist. de l'émigration*, p. 67.

(3) Simonin : *L'Australasie et l'émigration anglaise*, Société de Géographie, 1er février 1884 ; le *Temps*, 3 fév. 1884, p. 2, col. 6.

tant en Allemagne et en Angleterre, dit M. Renaud, c'est par suite de l'émigration (1). » Dans les îles Britanniques, sans compter les envois faits de la main à la main, on évaluait à 18,741,000 fr. l'argent adressé en 1872 par les émigrés à leurs familles. En 25 années l'argent envoyé se serait élevé approximativement à « un total de plus de 400 millions de francs », dont aurait bénéficié la même patrie (2).

Au point de vue démographique, le bien-être résultant de ces emplois plus rémunérés, de ces envois considérables de produits et d'argent, ne peut qu'améliorer l'état sanitaire des habitants d'un pays, car dans les mêmes localités, surtout dans les villes, la morbidité et la mortalité sont ordinairement bien moindres chez les riches que chez les pauvres.

Si l'émigration, soit vers les pays éloignés, soit surtout vers nos grandes villes, amène la décroissance de la population de certains départements, on doit l'attribuer aux conditions dans lesquelles se trouvent les habitants de ces départements. Ces conditions, cependant, ne sont pas ordinairement plus mauvaises qu'elles ne l'étaient antérieurement. Mais par suite de la fréquence des relations, de la facilité des communications, elles semblent aux habitants relativement moins bonnes que celles qu'ils espèrent se procurer, soit en s'embarquant pour de lointains pays, soit simplement en se rendant vers les grandes villes de leur voisinage, où trop souvent les conditions biologiques sont bien autrement défectueuses, ainsi qu'en témoigne la mortalité élevée des centres manufacturiers et industriels. Quant à l'émigration lointaine en particulier, quand elle est

(1) *Association pour l'avancement des Sciences*, session de Clermont-Ferrand, 1876, p. 1059.

(2) *Journal de la Soc. de Statist. de Paris*, 1876, p. 107. *Emigration du Royaume-Uni* de 1815 à 1872.

régulière, modérée et parfois même considérable, elle active la natalité et l'accroissement général, et, en diminuant la pauvreté, améliore les conditions biologiques et conséquemment l'état sanitaire des habitants de la mère patrie.

Rappelons encore que tout récemment M. Legoyt, en montrant qu'en France les personnes qui se donnent la mort deviennent progressivement et régulièrement de plus en plus nombreuses, 5,472 en 1875, 5,804 en 1876, 5,922 en 1877, 6,434 en 1878, 6,496 en 1870 et 6,638 en 1880, en remarquant que « c'est le pays d'Europe où la marche du suicide a été le plus rapide », ajoute « que c'est le pays dont la population émigre et s'accroît le moins. » Pour les peuples plus habitués que les Français à s'expatrier, l'émigration en ouvrant des carrières nouvelles aux découragés, aux fatigués de la vie préviendrait-elle le suicide? En Angleterre, en Irlande, en Écosse, en Suède, en Danemark, en Allemagne une émigration considérable coïnciderait avec le petit nombre relatif des suicides. « La France n'émigre pas, et ce fait, suivant ce statisticien, n'est pas étranger à la progression, plus rapide que partout ailleurs, de ses suicides (1). »

Voyons maintenant les conséquences démographiques de l'émigration sur les émigrés eux-mêmes et sur leur descendance. Ces conséquences dépendent, en grande partie, du plus ou moins d'aptitude des émigrés à s'acclimater dans les pays où ils vont se fixer. Or, cette aptitude varie considérablement suivant les races humaines, et suivant les pays.

Sully écrivait au président Jeannin que les colonies de

(1) A. Legoyt: *Suicide* : *Dict. Encycl. des Sciences Médicales*, p. 253, 271 et 294.

l'Espagne, dans les Indes Orientales et Occidentales, seraient « disproportionnées au naturel et à la cervelle des Français, qui ne portent ordinairement leur vigueur, leur esprit et leur courage, qu'à la conservation de ce qui leur touche de proche en proche et leur est incessamment présent devant les yeux (1). »

Contrairement, au siècle dernier, Moheau disait : « il semble qu'en France l'expatriation soit une maladie nationale (2). »

Beaucoup de nos contemporains, trop oublieux des vastes pays que jadis nous avons possédés, pensent que nous ne pouvons pas coloniser, que nos aptitudes ethniques s'y refusent. « Le Français émigre peu, dit M. Legoyt. C'est que des diverses races européennes, il n'en est aucune pour laquelle la patrie ait un aussi grand prestige, aucune qui porte à son foyer, à son clocher, à son pays, un plus instinctif, un plus inviolable attachement (3). » « Tandis que les peuples de race latine personnifient la patrie surtout dans le pays lui-même, dit M. Duval, chez les Germains, comme chez les Sémites, la famille et la tribu sont la patrie, plutôt que l'État, plutot que le sol (4). »

Parmi les éléments ethniques si complexes de notre population, les trois principaux sont la race ibérienne à laquelle se rattachaient les Aquitains du Sud-Ouest de notre pays ; la race celtique qui au Nord de la Garonne s'étendait de l'Océan aux Alpes ; et la race Germanique Septentrionale, qui, sous les noms de Galates, de Belges, de Germains, de Francks, de Burgundions, se répandit princi-

(1) *Négociations du Président Jeannin; Lettre de Sully au Président*, le 26 février 1608, t. 2, p. 46, Paris, 1819, 3 vol.

(2) Moheau : *Recherches et considérations sur la population de la France*, p. 244, in-8, Paris 1778.

(3) Legoyt : *L'émigration européenne*, p. 29, 1861.

(4) J. Duval : *Hist. de l'émigration*, p. 59, 1862.

palement dans le Nord-Est et le Nord de notre terri-toire (1).

L'aptitude migratoire de cette dernière race, sinon son acclimatabilité, est incontestée de tous. Pour en témoigner, il suffirait de rappeler non seulement les expéditions, mais l'établissement des grands et blonds Galates en Italie, en Grèce, et en Asie-Mineure. « L'un des attributs physiologiques les plus frappants de la race aux noms variables, à la haute taille, aux cheveux blonds et à la tête dolichocéphale. . est la turbulence, le mouvement, l'esprit d'invasion (2). » « L'esprit allemand, caractéristique de la race toute entière, remarque M. Duval, le porte par un instinct, inexplicable pour qui ne reconnaît pas les vocations naturelles, à visiter, peupler et cultiver le monde (3). »

Toutefois, tout en tenant grandement compte de l'origine principalement germanique du grand nombre d'émigrants Anglais et Allemands qui chaque année quittent l'Europe, tout en tenant compte du grand nombre de colonies que les Anglais possèdent sur tous les points du globe ; ainsi que le remarquaient anciennement Tite-Live (4) et Tacite (5) en parlant des Galates et des Germains, au corps couvert de sueur, supportant mal le soleil et la chaleur, il faut reconnaître que si les émigrés de race germanique vivent et prospèrent dans les pays éloignés, dont le climat diffère peu de celui de l'Europe, trop souvent ils dépérissent et se reproduisent mal dans les pays chauds. « Les Anglais,

(1) G. Lagneau : *Anthropologie de la France : Dict. Encycl. des Sciences Médicales. Art. France.*

(2) *Revue d'Anthropologie,* t. VI, p. 546, 1877.

(3) J. Duval : *Hist. de l'émigr.* p. 107.

(4) *Fluunt sudore et... mollia corpora... sol, pulvis, sitis... prosternunt.* Tite-Live, *l.* XXXVIII, *cap.* XVII, p. 50-52. Dureau de Lamalle et Noël.

(5) *Minimeque sitim æstumque tolerare* Tacite. *De moribus germanorum IV.* Dureau de Lamalle.

dit Sir Joseph Fayrer, médecin en chef de l'armée anglaise, sont généralement convaincus que la race anglo-saxonne ne peut pas se coloniser dans les Indes Orientales. Même sur les plateaux de 2,000 mètres au-dessus du niveau de la mer, présentant les conditions d'un climat européen, la colonisation n'est pas possible. Dans les plaines on peut trouver la deuxième génération des colons, mais la troisième, tout au plus la quatrième est fatalement la dernière. »

« Sur les plateaux de Madras à 1,500 mètres de hauteur et sur les plateaux de l'Hymalaya à 1,500 ou 2,100 mètres dit M. le professeur Lewis, le gouvernement anglais a essayé en vain d'élever les enfants des familles militaires européennes ; les maladies y étaient très fréquentes, malgré tous les soins possibles, et la mortalité était élevée (1). »

M. le professeur Vallin a montré que, sous le climat relativement tempéré de l'Algérie, les Allemands présentaient une mortalité d'un quart supérieure à leur natalité. En 1872 pour 399 naissances, 10,000 Allemands comptaient 496 décès (2). De 1872 à 1876, M. le docteur Ricoux a fait voir que pour 1,000 naissances ils enregistraient 1,195 décès (3).

Le principal élément ethnique de notre population, la race celtique, qui peuple également l'Irlande, une partie de l'Écosse, du Sud-Ouest de l'Allemagne, de la péninsule Hispanique, est peut-être moins disposée que la race germanique à franchir les mers pour aller se fixer au loin.

On sait cependant, combien est considérable l'émigration des malheureux Irlandais, se rendant dans l'Amérique du Nord. M. Ravenstein évalue à 8 pour 1000 annuellement la diminution de la population de l'Irlande, attribuable à l'é-

(1) Fayrer et Lewis : *Congrès intern. des médecins des Colonies : Revue d'hygiène*, 20 oct. 1883, p. 846-847.

(2) Vallin : *Du mouvement de la population européenne en Algérie : Annales d'hygiène et de médecine légale*, 2e sér. 1876, p. 435-437.

(3) Ricoux : *Démographie figurée de l'Algérie*, p. 194 et 214, 1880.

migration (1). Mais les Irlandais semblent déterminés au départ, principalement par des conditions sociales défectueuses; ils veulent se soustraire aux conditions misérables dans lesquelles ils se trouvent. Il n'en est heureusement pas ainsi en France. Si peu de nos compatriotes de l'ancienne Gaule celtique, en particulier de l'Armorique, émigrent en pays éloignés, on sait cependant que de cette dernière région partent de nombreux et intrépides marins. Les noms bretons sont en grand nombre parmi les officiers de nos vaisseaux.

Quant à nos compatriotes du Sud-Ouest qui descendent des Aquitains de race ibérienne, on ne peut mettre en doute leur aptitude colonisatrice, lorsqu'on voit les Espagnols, appartenant pour la plupart à cette même race, posséder la plus grande partie de l'Amérique Méridionale et Centrale, où ils vivent et se perpétuent en toute prospérité. D'ailleurs, nos Basques, qui jadis poursuivaient les baleines jusque dans les mers du Nord, sont encore parmi les Français ceux qui se portent en plus grand nombre vers l'Amérique du Sud.

Bien que les diverses races qui composent notre population jouissent d'aptitudes notablement différentes, considérée dans sa complexité ethnique la nation française n'en est pas moins parfaitement apte à l'émigration et à la colonisation. Par ses habitants du Midi, la plupart d'origine Basque, Aquitanique et Ligure, elle semble même être beaucoup plus apte que les nations anglaise et allemande à coloniser les pays chauds. En effet, si, de même que ces derniers, nos compatriotes du nord et de l'est, de la Normandie, de la Picardie, de la Flandre, de l'Alsace, descendant en grand nombre de Scandinaves, de Belges, de Germains, s'acclimatent difficilement dans les pays chauds,

(1) Ravenstein : *Distribution des langues celtiques parlées en Grande-Bretagne* : *Annales de Démographie intern.* 1880, t. IV, p. 280.

il n'en est plus de même de nos habitants de la Gascogne, du Languedoc et de la Provence.

En Algérie, MM. Martin et Folley (1), MM. Rouis (2) et Laveran (3) ont signalé la fréquence des affections intestinales, des abcès du foie chez les Européens des régions septentrionales. De fréquentes insolations y atteindraient nos compatriotes des départements du nord est (4).

Dès les premiers temps de la conquête de l'Algérie, Périer recommandait de n'y envoyer que des corps spéciaux recrutés dans des localités distinctes parmi nos populations des départements méridionaux (5). M. le docteur Ricoux, après avoir montré qu'en Algérie les Allemands continuent à présenter un excédent de la mortalité sur la natalité, alors que le contraire a lieu pour les Maltais, les Espagnols, les Italiens ; après avoir montré que les Alsaciens-Lorrains sont loin d'y prospérer, ainsi que l'avaient prévu MM. de Ranse (6) et Assézat (7), remarque que « Basques, Provençaux, Languedociens, Corses, sont susceptibles de prospérer en Algérie, d'y coloniser avec succès, au même

(1) Victor Martin et Folley : *Hist. Statist. de la colonisation Algérienne* Paris-Alger, 1851, p. 252.

(2) Rouis : *Recherches sur la suppuration du foie*, 1860.

(3) Laveran : *Algérie : Dictionn. Encyclop. des Sciences Médicales*, t. II, p. 772.

(4) De Semallé : *Bull. de la Soc. d'Anthrop.* 2 sér. t. IV, p. 595, 1869.

(5) N. J. Périer : *De l'acclimatement en Algérie : Annales d'hyg. et de méd. lég.* 1845, t. XXXIII, p. 334. — *Exploration scientif. de l'Algérie : De l'hygiène en Algérie*, t. I, ch. II, art. 1, § 5, p. 98 et art. 2, p. 113. Paris, 1847.

(6) D Ranse : *De l'acclimatement des Alsaciens-Lorrains en Algérie : Gazette médicale de Paris*, p. 1, 1874.

(7) Assezat : *L'acclimatement : Revue d'anthropologie*, t. IV, 1875, 301-303. — *Sur la colonisation de l'Algérie : Bull. de la Soc. d'Anthrop.* 2e sér. t. VIII, p. 296 etc.

degré que les Italiens, les Espagnols et les Maltais (1). » Constatant que les marins du nord sont beaucoup plus éprouvés que ceux du midi par le climat du Sénégal, M. Maget demande également qu'on envoie « aux pays chauds les soldats et les matelots du littoral provençal, de préférence à ceux qui sont originaires du nord (2). »

On est loin de choisir ainsi pour les pays chauds les soldats, marins et colons provenant de nos départements méridionaux. Cependant, ainsi que le faisait remarquer M. Paul Bourde, pour les explorations du Haut-Sénégal, du Soudan « autant que possible, on emploie les hommes du midi et notamment de la Corse, comme plus faciles à s'acclimater (3) » Aussi parmi les noms des explorateurs de diverses régions de l'Afrique, se trouvent ceux de MM. Gallieni, Marchi, Pietri, Andrei, ainsi que de M. de Brazza.

Remarquant que « quand une nation appelle des colons dans un territoire nouveau, l'appel doit être adressé exclusivement aux nationalités situées sur les bandes isothermales circonvoisines de la région à coloniser, et d'autant moins éloignée que la contrée est moins salubre, » Bertillon père pensait que « c'est seulement par les Juifs, les Maltais, les Espagnols et les Portugais que ces terres tropicales peuvent prospérer (4). » Or, nos compatriotes de la Corse, et du Midi de la France, ayant presque mêmes origines éthniques, ont aussi même aptitude à s'acclimater dans les pays chauds.

Bien que dans certaines colonies relativement salubres, la

(1) R. Ricoux : *Dém. fig. de l'Algérie*, p. 192, 235 et 273.

(2) Maget : *Généralités sur le climat du littoral provençal*, p. 44, thèse 17, Montpellier, 1870.

(3) P. Bourde : *La France au Soudan : Revue des Deux-Mondes*, 1er décembre 1880, p. 680, note.

(4) Bertillon : *Acclimatement*, p. 312-314 : *Dict. encycl. des sciences médicales*.

mortalité soit compensée et de beaucoup dépassée par une natalité considérable, en rapport avec les occupations nombreuses et les subsistances abondantes offertes aux enfants procréés ; dans les contrées moins favorables, deux principaux obstacles semblent s'opposer à l'acclimatement des Européens, surtout de ceux du nord, l'impaludisme pour l'individu, l'infécondité pour la race.

Le docteur Simonot (1), M. Bertholon (2) ont insisté sur l'inacclimatabilité relative des Européens dans les pays marécageux. Substituant à l'expression d'impaludisme celle plus générale de tellurisme, mon collègue de l'Académie de Médecine, M. le professeur Léon Colin observe même que toute terre, à riche végétation, restée vierge de toute culture, peut être dangereuse pour les premiers colons qui viennent l'habiter, et surtout la cultiver (3). D'ailleurs la morbidité et la mortalité des immigrés sont surtout considérables tant que, mal renseignés sur les usages des indigènes, ils ignorent les règles d'hygiène qui peuvent les mettre à l'abri des maladies spéciales à tel ou tel pays. Néanmoins la chaleur seule par sa continuité reste une cause d'épuisement. « Dans les pays torrides, dit M. le professeur Bourru, de l'Ecole de médecine navale de Rochefort, ce qui paralyse l'individu et frappe la race à mort, ce n'est pas l'excès de la chaleur, c'est sa continuité..... on s'étiole, on s'anémie de chaleur sans interruption. (4). »

Quant à l'infécondité relative des Colons dans certains pays chauds, elle tient souvent à la disposition métrorrhagique qu'y éprouvent nos femmes d'Europe, particulière-

(1) Simonot : *De l'acclimatement des races européennes dans les pays chauds : Congrès méd. international de* 1867, p. 628-634.

(2) Bertholon : *De la vitalité des races du nord dans les pays chauds exempts d'impaludisme ; thèse,* Paris 1877, *ext. dans Revue d'Anthropol.* t. VI, p. 319, 1877.

(3) L. Colin : *Traité des maladies épidémiques*, p. 125, 590. etc. 1879

(4) H. Bourru : *Le Tong-King : Annales d'hygiène*, avril 1884, p. 322.

ment celles du nord. Cette fâcheuse disposition les empêche de mener à terme leur gestation. Observée quelquefois en Algérie par MM. Martin et Folley, chez nos Françaises (1), elle a surtout été signalée par M. le docteur Tilt, chez les Anglaises des Indes. Au Congrès médical international de Paris, en 1867, ce professeur de Londres disait : « Je ne crains pas d'affirmer que les dérangements de la menstruation déterminés par le séjour aux Indes, ne permettront jamais aux Anglais de coloniser cet empire comme ils ont colonisé l'Amérique et l'Australie (2). » Plus récemment un médecin de notre marine, M. Orgeas, dans une étude démographique intéressante de la colonisation de la Guyane par la transportation, remarquait que « la fréquence des avortements est évidemment l'un des facteurs les plus énergiques de l'extinction d'une race vivant dans un milieu défavorable (3). »

Cette cause d'infécondité relative de nos femmes du nord dans certains pays chauds, n'existant pas pour les femmes de ces pays ou d'autres pays présentant avec ceux-ci certaines analogies de climats, nos colons en s'unissant à ces dernières, dans beaucoup de ces pays, obtiennent des descendants plus ou moins féconds, mais toujours bien inférieurs à leurs pères européens.

« La femme européenne dans un climat chaud voit très vite diminuer sa fraîcheur et ses grâces, remarque M. le professeur Van Overbeck de Meijer. L'homme n'est ordinai-

(1) Martin et Folley : *Hist. St. de la col. Alg.* p. 286-8.

(2) Tilt : *Influence du climat sur la menstruation* : *Congrès médical international* de Paris en 1867, p. 189 — voir aussi : *Health in India for British Women. London, 1875. — Santé des femmes anglaises aux Indes* ; *Journal de médecine et de chirurgie pratique 1875 et Revue d'Anthrop.* t. V, p. 169, 1876.

(3) J. Orgeas : *Contribution à l'étude du non cosmopolitisme de l'homme* : *La colonisation de la Guyane par la transportation*, p. 99, 1883 ; extrait des : *Archives de médecine navale.*

rement pas long à lui préférer les femmes indigènes (1). »

Frappé de l'aptitude des habitants de la péninsule hispanique à s'acclimater dans les pays chauds, Bertillon père, demande que dans nos colonies « le sang français s'y mêle au sang espagnol (2). » Dans notre grande possession de l'Afrique septentrionale, beaucoup de Français s'unissent ainsi à des Espagnoles, selon M. Ricoux. Quant aux Français des régions situées au-dessus de l'isothère de 20°, remarque notre confrère Algérien, « quant aux Français du Nord... ils ne peuvent échapper à la nécessité de s'allier par croisements. En s'alliant avec les Français du Midi, ils obtiendront certainement des produits engénésiques capables de résister au climat africain, tout comme en s'unissant avec les Italiens, les Espagnols et les Maltais (3). »

Ces remarques sur l'acclimatement suivant les races et les pays, ont besoin d'être corroborées par quelques données statistiques recueillies sur nos trop peu nombreux émigrés ou colons fixés dans nos posessions salubres ou insalubres.

MM. Vallin (4) et Ricoux nous mettent à même de reconnaître que, pour l'Algérie, nos compatriotes qui, après la conquête, après 1830, tout d'abord avaient été fortement éprouvés par le climat, actuellement y vivent et y procréent dans de bonnes conditions. Ainsi, outre l'accroissement dû à une immigration constante, l'accroissement physiologique par excédent des naissances sur les décès y est plus d'une fois plus rapide que dans la mère-patrie. Si pour 1.000 habitants de la France, de 1861 à 1873, on compte 26,03

(1) Dr Van Overbeck de Meijer: *De la colonisation européenne dans les pays chauds. Rapport au congrès intern des médecins des colonies,* tenu à Amsterdam en septembre 1883: *Revue d'hygiène,* 20 octobre 1883, p. 807.

(2) Bertillon: *Acclimatement,* p. 313: *Dict. encycl. des sciences méd.*

(3) Ricoux: *Dém. fig.* p. 269 et 273.

(4) Vallin: *Mouv. de la pop. europ. en Alg.* : *Ann. d'hyg.* 1876.

naissances et 22,87 décès, avec un accroissement annuel moyen de 3,16, en Algérie de 1872 à 1876, les Français ont compté 37,05 naissances et 28,16 decès, avec un accroissement annuel moyen de 8.89 (1). Si en France, en 1882, pour 1,000 habitants, on a compté 24.8 naissances pour 22.2 décès, avec un accroissement physiologique de 2.6 ; en Algérie de 1877 à 1881, les français ont compté 33.3 naissances pour 29.2 décès, avec un accroissement annuel moyen de 4.1 sur 1,000 (2).

De 1867 à 1880, durant 14 années, cet accroissement physiologique annuel moyen a été de 5,38 sur 1,000 (3).

Ainsi donc, si les Français meurent encore un peu plus en Algérie qu'en France, par contre leur natalité y est bien plus considérable, et, indépendamment de toute immigration l'accroissement de la population française y est beaucoup plus rapide. Espérons qu'avec le temps la mortalité de nos compatriotes s'abaissera encore, non seulement pour l'ensemble de la population qui comprend de nombreux enfants en âge de grande mortalité, mais aussi pour les adultes, en particulier pour nos soldats en âge de faible mortalité.

S'il est difficile de comparer les documents relatifs à la mortalité de nos célibataires masculins de 20 à 25 ans en général, avec ceux relatifs à nos militaires soumis à une sélection lors de leur entrée sous les drapeaux, et à des réformes constantes renvoyant bon nombre de malades mourir dans leurs foyers, les documents statistiques militaires sont au moins comparables entre eux. Or ils suffiront pour nous montrer que de 1862 à 1869 et de 1872 à 1875 nos mi-

(1) Ricoux : l. c. p. 193-194, et tableaux.

(2) Vallin ; *Mouvem. des Européens en Algérie : Revue d'hygiène*, 20 mars 1884, p. 1881.

(3) Ricoux : l. c. p. 115 et 145 tabl. et *Annuaire stat. de la France*, de 1883, p. 589.

litaires à l'intérieur, en France, perdaient 11,41 et 9,54 décédés pour 1,000 d'effectifs, alors qu'en Algérie ils en perdaient 17,16 et 11,91 pour 1,000 (1).

Tableau VII.

MOUVEMENT DE LA POPULATION FRANÇAISE EN ALGÉRIE (1)

ANNÉES	Naissances sur 1000 Français	ANNÉES	Décès sur 1000 Français	Accroissement physiologique annuel moyen sur 1000 Français
1853-1862	41.0	1853-1861	46.3	
1863	37.4	1865	34.5	
1867-1872	36.7	1867-1872	34.6	5.38
1873-1876	38.3	1873-1876	26.77	
1877-1880	38.2	1877-1880	34.1	

(1) Les données statistiques de ce tableau sont tirées pour les années 1853-1876 *des graphiques*, p. 115 et 145, de la *Démographie figurée de l'Algérie*, de M. Ricoux, et pour les années 1877-1880 de l'*Annuaire statistique de la France de 1883*, p. 569, tabl. 2; *Mouvement de la population par nationalités en Algérie.*

En Océanie, à Taïti en particulier les conditions sanitaires des Européens seraient généralement assez bonnes, quand ils s'abstiennent de cultiver la terre. La mortalité des soldats français pendant huit années n'aurait pas atteint en moyenne 10 décès sur 1,000 hommes (2).

Bien que dans l'Annuaire statistique on ne donne que la mortalité générale des Européens, Africains, Asiatiques, coloniaux transportés à la Nouvelle-Calédonie, mortalité qui de 1871 à 1879 paraîtrait s'être élevée annuellement à 31,7

(1) *Statistique médicale de l'armée*, 1872 p. 32, 1873 p. 24, 1874 p. 23. 1875, p. 24.

(2) Boudin : *Du non-cosmopolitisme des races humaines: Mém. de la Soc. d'Anthrop.* t. I, p. 101, 1860-1863.

sur, 1,000(1), on peut remarquer que de 1852 à 1879 inclusivement sur les 11,585 transportés, dont 296 femmes, presque tous, 11,156 étaient de race blanche, venaient de France, 429 seulement étaient africains, asiatiques, venaient des colonies. Sur ces 11,585 transportés, il en serait mort 2,294 durant ces 28 années, 1,973 par maladies et 321 par accidents; mais par suite du rapatriement, des libérations, l'effectif moyen de 1871 à 1879 aurait varié de 2,681 en 1871 à 8,125 en 1878. Or la mortalité moyenne par maladies également aurait varié de 13.0 sur 1,000 en 1871 à 51.4 sur 1,000 en 1874; proportions qui s'élèvent à 19.0 et à 56.0 si l'on y ajoute la mortalité par accidents. Il résulterait de ces nombres que si la mortalité fut très grande en 1874, elle fut relativement assez faible en 1871, alors que les transportés, moins nombreux, se trouvaient vraisemblablement dans des conditions hygiéniques meilleures.

D'après les nombres donnés par M. Guyot pour un effectif moyen de 2,150 déportés à l'île des Pins du 1er janvier 1873 au 31 décembre 1878, la mortalité n'aurait été que de 16.3 pour 1,000 (2); proportion de peu supérieure aux suivantes relatives à quelques-unes seulement de ces années. « Le nombre total des transportés en Nouvelle-Calédonie s'élevait le 1er janvier 1875 à 3,388 dont 752 dans la presqu'île Ducos, 2,436 à l'île des Pins et 290 dans la grande terre. Leur âge variait de 15 à 65 ans. Leur mortalité en 1872-1873 fût de 15.4 pour 1,000, et en 1874 de 14.5... » (3). D'ailleurs les habitants libres, n'étant pas dans les mêmes conditions que les transportés, il ne faudrait pas inférer de la haute mortalité de 56.0 et de 56.5 sur 1,000 transpor-

(1) *Annuaire stat. de la France*, de 1883 p. 150-151.

(2) F. Guyot : *La déportation simple à l'île des Pins ; archives de médecine navale* t. XXXVI p. 164 et 1881.

(3) *La mortalité sur les transportés en Nouvelle-Calédonie. Revue d'anthropologie*, t. V, p. 568, 1876, extrait de : *Gazette médicale*, 2 juin 1876.

tés en 1874 et 1878 que la Nouvelle-Calédonie offre un climat dangereux. Les habitants libres présentent vraisemblablement les proportions minima sus-indiquées.

Boudin qui avait insisté sur la salubrité relative des colonies situées dans l'hémisphère sud, à propos de diverses iles comme Taïti, la Réunion (1), rappelait que dans cette dernière colonie, suivant le docteur Yvan, vivaient et se perpétuaient depuis deux siècles, dans les montagnes les *petits blancs*, descendants non croisés des premiers aventuriers français (2). Les conditions de la population de cette île ne sembleraient cependant pas parfaites, car de 1872 à 1880, avec une mortalité annuelle variable de 27.3 à 42.7 sur 1,000, les habitants auraient présenté un notable excédent des décès sur les naissances (3). Mais dans cette mortalité générale relative à ces habitants de toutes races, de provenance européenne, africaine et asiatique, il est impossible de déterminer la mortalité spéciale aux Français. Rappelons seulement que de 1819 à 1827 suivant M. Dutroulau, ancien premier médecin en chef de la marine, la mortalité des troupes n'aurait été que de 17.2 pour 1,000 (4).

A la Martinique et à la Guadeloupe, suivant ce même médecin, les soldats et les employés de toutes sortes de 1819 à 1855, durant 37 années, perdirent en moyenne annuellement 91.15 pour 1000 (5). Cette grande mortalité n'atteint sans doute pas les Français qui y sont fixés d'une manière durable, et surtout les Français créoles, nés dans ces colonies. Les blancs y vivent et s'y perpétuent ; il est vrai dans d'assez mauvaises conditions, car Rochoux après avoir

(1) Boudin : *Du non cosmop.* l. c. p. 101.

(2) Yvan : *De France en Chine*, p. 175, Paris, 1855.

(3) *Ann. statist. de la France*, 1883, p. 602.

(4) Dutroulau : *Traité des maladies des Européens dans les pays chauds*, p. 78, 2e édition, 1868.

(5) Dutroulau, *l. c.* p. 39.

rappelé que, suivant Lind (1), les arrivants « périssent dans les Antilles dans la proportion d'un cinquième par année, » ajoute que « l'on ne saurait peut-être pas citer dix exemples de créoles à la troisième génération de père et de mère, sans croisement aucun avec du sang européen. (2) » Cependant, sans méconnaître les mauvaises conditions, plutôt économiques que démographiques, de nos colons des Antilles, Simonot remarque qu'il a connu des créoles presque centenaires, et qu'il pourrait « citer de nombreuses familles ou la moyenne des enfants varie de trois à cinq. » Dans une de ces familles « la sœur et le frère ont l'une onze, l'autre sept enfants, dont l'existence constitue une troisième génération de créoles sans intervention d'individualités européennes. » (3) M. Vallin rappelle que, suivant M. Walther, inspecteur du service de santé de la marine, à la Guadeloupe, bien que les décès des Français y excèdent les naissances de 0.46 sur 100, dans 15 des 31 communes de cette colonie les naissances excèdent les décès. Nos nationaux en se portant dans certaines localités s'y trouveraient donc relativement dans de bonnes conditions de salubrité (4).

Dans les Antilles, la population présente une natalité illégitime proportionnellement très considérable. En 1876 et 1877 à la Martinique, sur 10,982 naissances il y en avait 7,428 d'illégitimes pour 3,554 de légitimes (5). Bien que cette énorme natalité illégitime soit principalement attribuable aux unions entre gens de couleur et entre blancs et

(1) Lind : *Maladies des climats chauds* t. I. p. 14, 1785. — *Essay on the diseases incidental to Europeans in hot climates*. London, 1768-1788.

(2) Rochoux : *Acclimatement*. p. 311-312. *Dict. de méd.*, 2e édit., 1832.

(3) Simonot : *Bulletin de la Société d'Anthropol.*, t. V, p. 804, 3 nov. 1864.

(4) Vallin : *Colonisation : Dict. encycl. des Sciences médicales*, p. 193.

(5) *Annuaire de la Martinique*, de 1879 p. 248.

femmes de couleur, il ne faudrait pas inférer que les métis ou mulâtres jouissent d'une grande fécondité. Broca (1) et Périer (2), réunissant les témoignages de nombreux observateurs, en particulier de Long (3) et de Nott (4), montrent que les mulâtres sont d'autant moins féconds entre eux qu'ils sont issus d'Européens, de race plus blonde. A la Jamaïque, dans la Caroline du Sud, colonisés principalement par les Anglais, les mulâtres seraient très peu féconds. Ils le seraient davantage dans la Louisiane, dans les Antilles françaises et espagnoles. Bien que de 1872 à 1880, à la Martinique et à la Guadeloupe, on ait enregistré, suivant les années de 25.5 à 29.7, de 25.0 à 32.5 décès par 1,000 habitants ; bien que depuis longtemps à la Martinique, depuis 1877 à la Guadeloupe, la natalité excède la mortalité(5), les nombres officiels, se rapportant à toute la population, sans distinction de races, ne contredisent en rien les données précédentes.

Constatant qu'en Cochinchine la mortalité dans les hôpitaux avait été de 79.0 pour 1,000 de l'effectif de nos troupes en 1861, de 57.2 en 1864, de 43.8 en 1866, M. Dutroulau était amené à penser que l'état sanitaire s'améliorerait, et que le climat pouvait être considéré comme plus salubre que celui de nos colonies palustres (6).

(1) Broca : *Des phénomènes d'hybridité dans le genre humain*, p. 625-630, 1860, extrait du *Journal de Physiologie* de Brown-Séquard, t. I-III. — *Bulletin de la Soc. d'Anthrop.* t. I, p. 259-261, 22 mars 1860.

(2) Périer : *Essai sur les croisements ethniques : Mém. de la Soc. d'Anthrop.* t. III, p. 266 etc, 1866.

(3) Long : *History of Jamaica*, 1774 in-4°, vol. II. p. 235, 235.

(4) J. C. Nott. *Hybridity of animals, viewed in connection with the natural history of Mankind : Types of Mankind* de Nott et Gliddon. Philadelphie, ch. XII, p. 373, 1854 in-8°.

(5) *Annuaire stat. de la France*, de 1883, p. 602.

(6) Dutroulau : *Traité des mal. des Européens dans les pays chauds*, p. 57, 58, 2e éd. 1868.

M. le docteur Morice se montre moins rassuré sur l'acclimatement des Européens dans la Basse Cochinchine. Selon ce médecin « l'acclimatement des Français dans la Basse-Cochinchine n'est pas possible et ne paraît pas devoir le devenir un jour. Les quelques Français ayant six ans, neuf ans, dix ans de colonie... sont des exceptions bien rares, et il n'y a pas une seule famille de race européenne établie, vivant dans un sérieux état de santé. La mortalité des nouveau-nés de race pure est aussi un fait incontestable, dont les registres de l'état-civil peuvent faire foi (1). »

Le climat du Tonkin serait beaucoup plus salubre que celui de la Cochinchine. Selon M. G. Maget, la mortalité imputable au seul climat, chez les troupes ne dépasserait pas 1 sur 150 à Haï-Phong et Hanoï (2), soit donc 6.66 pour 1,000 ; mortalité remarquablement faible, vraisemblablement exceptionnelle.

« Grâce à l'écart tranché des saisons, remarque M. Bourru, les Européens pourront habiter les rives du fleuve rouge, y mener leurs familles, et ces familles pourront s'y perpétuer, dans des conditions restreintes, formant une race créole, » qui toutefois ne pourra ni remuer la terre, ni défricher la forêt (3).

D'ailleurs, pour la Cochinchine, dont M. Blancsubé, montrait la prospérité croissante, en signalant la présence de Français ayant, comme lui même, plusieurs enfants (4), M. Candé, en étudiant la mortalité de nos troupes depuis

(1) Morice : *Acclimatement des races humaines et des animaux dans la Basse-Cochinchine : Revue d'Anthropologie*, t. V. p. 484, 1876. — Voir aussi : *Du climat de la Cochinchine sur la santé des Européens : Archives de médecine navale* t. XXIV, 1875.

(2) G. Maget : *Climat et valeur sanitaire du Tonkin. Archives de médecine navale* 1881, t. XXXV, p. 358.

(3) Bourru : *le Tong-Kin : Annales d'hygiène*, avril 1884, p. 323.

(4) Blancsubé : Chambre des députés, séance du 12 décembre 1883 (*Temps*, 14 décembre 1883, p. 2, col. 6.)

la conquête, depuis 1861 jusqu'en 1879, a mis à même de reconnaître que les Européens après avoir perdu l'énorme proportion de 115.6 décès pour 1,000, de près d'un huitième de l'effectif la première année, ont vu assez régulièrement descendre leur mortalité jusqu'à 12.2 décès pour 1,000 d'effectif en 1879; la mortalité annuelle moyenne durant cette période de dix-neuf années, de 1861 à 1879 ayant été de 48.2 pour 1.000. Toutefois, tout en constatant que « la Cochinchine peut très bien être habitée aujourd'hui par les Européens; » que la mortalité, « grâce surtout au rapatriement plus facile, à la réduction du temps de séjour dans la colonie et enfin aux progrès de l'hygiène publique et privée, y est relativement faible, » M. Candé paraît admettre que lorsqu'on tient compte des malades morts en mer ou à leur retour en France, la mortalité totale attribuable à la Cochinchine « doit vraisemblablement atteindre le double » des nombres précédemment donnés. Ainsi donc la mortalité annuelle moyenne depuis la conquête aurait été approximativement de 96 sur 1,000, mais en 1879 n'aurait été que de 24 sur 1,000. Vraisemblablement, cette mortalité, comparativement faible, diminuera encore, car elle se rapporte à des soldats, qui sont à l'âge ou la mortalité est ordinairement plus de moitié inférieure à celle de la population générale composée d'individus de tous âges, enfants, adultes et vieillards. On a vu précédemment que de 1862 à 1869 et de 1872 à 1875 nos militaires en France ont perdu 11 41 et 9.54 décédés pour 1,000 d'effectif.

Les documents statistiques précédents. relatifs à nos soldats en Cochinchine, démontrent toujours que l'état sanitaire, extrêmement grave durant les premières années de l'occupation, s'y est très considérablement et assez régulièrement amélioré.

Tableau VIII.

MORTALITÉ DES EUROPÉENS EN COCHINCHINE (1)

Années	Effectif moyen	Malades rapatriés	Décédés	Proportion p. 1000 des décès
1861	3.000	400	347	115.6
1862	7.570	1.272	699	92.3
1863	7.464	680	623	82.1
1864	9.233	617	501	54.2
1865	7.665	1.004	367	47.8
1866	7.835	840	374	41.7
1867	7.783	1.119	474	60.9
1868	8.229	1.035	255	30.9
1869	8.044	1.297	253	31.4
1870	6.183	1.354	286	46.2
1871	4.745	1.552	247	52.5
1872	4.730	1.444	146	30.9
1873	4.626	1.297	177	38.2
1874	4.674	1.061	168	34.6
1875	4.723	915	161	34.0
1876	5.031	1.022	193	38.3
1877	5.273	950	233	44.1
1878	5.508	1.094	116	21.0
1879	5.457	1.068	67	12.2
	117.773	20.021	5.687	48.2

De nos possessions du Sénégal, l'île de Gorée serait la localité la moins insalubre. Selon M. Bérenger-Féraud, il s'y trouverait une vingtaine d'Européens ayant plus de 15 à 25 ans de séjour (2). Mais il n'en est pas de même des autres localités de cette vaste colonie. En Sénégambie, durant l'année 1878, sur environ 1,629 Européens, 830, plus de moitié, succombèrent à la fièvre jaune. Selon M. le Dr Borius, « on cite à peine quatre ou cinq personnes ayant

(1) J. B. Candé : *De la mortalité des Européens en Cochinchine, depuis la conquête jusqu'à nos jours.* Paris, 1881, p. 30 à 68.

(2) Bérenger-Feraud : *Description topographique de l'île de Gorée* : *Revue maritime et coloniale*, t. XXXVI, p. 894, mars 1873.

vingt ans de séjour dans la colonie du Sénégal et ayant survécu aux terribles destructions des maladies endémiques et de la fièvre jaune. La mortalité des médecins, qui n'y passent que deux ou trois ans au plus, est de 18, 5 pour 100 », près d'un cinquième (1).

De 1873 à 1880 l'infanterie de marine y aurait perdu annuellement, en moyenne, 140.6 décédés pour 1,000 hommes d'effectif, près d'un septième. (2).

Les Européens seront-ils moins cruellement frappés sur le Haut-Sénégal, dans le Soudan ?

« Il n'existe pas de race créole, ni de générations de race blanche pure se renouvelant en Sénégambie. (3) » Cependant à Saint-Louis M. Carbonnel parle d'environ 280 créoles, qui, nés dans la colonie de parents européens, en huit années, de 1862 à 1870 (moins 1868, année de choléra,) auraient eu 73 enfants,

Les métis ne se maintiennent que par les unions entre européens et indigènes. Sur 1,000 métis pour 22.6 naissances on compte 32.8 décès. Pour 100 métis du sexe masculin il y en a 139 du sexe féminin (4). Les mulâtres entre eux ne se perpétuent que durant peu de générations. M. Bérenger Féraud, auquel un magistrat de la Colonie, M. le Président Pierre avait communiqué les relevés de l'état-civil, a reconnu que « les arrière-petits-enfants du premier croisement sont le plus souvent, sinon toujours, inféconds.... Le nombre des filles est plus grand que celui des garçons, et..., ces filles sont fréquemment infécondes,

(1) Borius : *Sénégambie*, : *Dict. encycl. des sciences méd.*, p 654, 667.

(2) *Revue des Sociétés médicales de France et de l'étranger ;* du Dr Lutaud; 2e année, décembre 1883, p. 314.

(3) Borius : l. c. p., 651.

(4) Carbonnel ; *La mortalité actuelle au Sénégal et particulièrement à Saint-Louis.* Thèse no 101 Paris, 1873, p. 10, 11, 16.

ont une propension très accusée à l'avortement lorsqu'elles conçoivent. (1) »

Cette infécondité, par suite de prédisposition abortive, précédemment signalée chez certaines européennes venant habiter les pays chauds, semblerait donc se manifester également chez les Signarres du Sénégal, chez les femmes mulâtres, malgré leur origine partiellement nigritique. Le mulâtre seul, dit M. Borius « peut faire, en Sénégambie, des établissements durables, utiles à la mère-patrie. Malheureusement, malgré un croisement avec le nègre plus considérable qu'avec le blanc, le petit groupe de métis ne se multiplie pas. (2) » Cependant, selon M. le Général Faidherbe, « une race croisée assez nombreuse a été le résultat du séjour prolongé des français dans cette colonie. (3) »

De même qu'au Sénégal, Gorée est relativement salubre; de même à la Guyane, Cayenne est plus habitable, pour les Européens, que les autres régions de la côte et de l'intérieur. La mortalité y est relativement peu élevée. De 1819 à 1849, remarque M. Dutroulau, « tandis que la population européenne était concentrée dans la ville même de Cayenne, on arrive pour ces trente et une années à une moyenne de 2.72 pour 100, c'est-à-dire à peu près au chiffre des points réputés les plus salubres des climats tempérés. De 1850 à 1855 elle est de 9.08 pour 100 en moyenne dans les hôpitaux. Elle s'est élevée à 12,50 pour 100 en 1851 et à 23.74 pour 100 en 1855 par l'effet de la fièvre jaune. (4) » S'il ne s'agissait pas d'un pays tropical, cette mortalité de 2.72 pour 100 ou 27.2 pour 1000 Européens habitant Cayenne

(1) Bérenger-Feraud : *Note sur la fécondité des mulâtres au Sénégal*, p. 588 : *Revue d'anthrop*. 2e série, t. II, 1879.

(2) Borius : *l. c.*, p. 651.

(3) Faidherbe : *Notice historique sur le Cayor* : *Bulletin de la Société de Géographie*, 1883, p. 529.

(4) Dutroulau : *Traité des mal. des Eur.* p. 25.

ne paraîtrait pas si faible, car cette population est composée principalement de militaires, d'employés, de transportés, la plupart jeunes, et l'on sait qu'en France les célibataires masculins de 20 à 25 ans, perdent annuellement 10.6 pour 1000 (1), une fois et demie moins. Néanmoins ce nombre de 27.2 relatif aux habitants de Cayenne n'est pas très-élevé. Aussi diffère-t-il beaucoup de ceux ultérieurement présentés par les Européens habitant également d'autres points de la Guyane.

L'annuaire statistique de la France montre que dans cette colonie, de 1872 à 1880, les habitants ont présenté un excédent considérable des décès sur les naissances, et ont perdu, suivant les années de 32.9 à 75.3 pour 1,000 (2). Mais comme dans cette statistique officielle on ne distingue nullement la mortalité suivant les races et les nationalités, on ne peut nullement déterminer la proportion afférente aux Européens, qui évidemment doivent être au nombre des plus éprouvés par le climat. Cet annuaire indique cependant que de 1852 à 1879 on a envoyé à la Guyane 22.707 transportés, dont 402 femmes, et que sur ces 22.707, dont 20.021 français, et 2.686 africains, asiatiques, natifs des Colonies, 11,295 moururent. Or ces transportés, dont près des huit-dixièmes étaient Européens de 1871 à 1879, auraient présenté une mortalité annuelle moyenne par maladies de 64.4 pour 1,000 et par accidents de 3.40, soit donc une mortalité annuelle moyenne totale de 67.84 par 1,000 d'effectif avec une mortalité minima de 45.3 en 1872 et une mortalité maxima de 101.2 pour 1,000, de plus d'un dixième en 1876 (3).

M. Orgeas a recueilli de nombreux et intéressants documents sur l'insalubrité relative de divers établisse-

(1) *Statistique de la France*, 3e série, t. VIII, p. XXXIV, 1878.
(2) *Annuaire stat. de la France*, 1883, p. 602.
(3) *Annuaire stat. de la France*, p. 150-151.

ments pénitentiers de la Guyane. Aux îles du Salut, où d'ailleurs on évacuait les vieillards, les infirmes, les cachectiques, de 1853 à 1856 la mortalité aurait varié de 15.6 à 35.0 sur 100, de 156 à 350 sur 1,000. Ainsi que M. Dutroulau, M. Orgeas remarque la salubrité relative de Cayenne. « Exposée aux brises de la mer, la ville de Cayenne, observe-t-il, est de beaucoup le point continental le plus salubre de la Guyane; aussi, la transportation n'y a-t-elle jamais donné ces proportions énormes de décès qu'elle a fournies dans les autres pénitenciers. » Cependant, exceptionnellement en 1855, 1856 et 1863, la mortalité annuelle, parmi les transportés, s'y serait élevée à 209, 228 pour 1,000. Sur les bords du Maroni, où l'on créa les établissements de Saint-Laurent, de Saint-Pierre, de Saint-Louis, la mortalité, d'après les rapports des médecins de la marine, et voire même d'après quelques documents officiels, sur 1,000 se serait élevée à 252 en 1859, à 168 en 1851, à 116 en 1876. D'ailleurs à partir de 1867 on n'y envoya plus de forçats européens ; on les dirigea sur la Nouvelle-Calédonie. Dans la Comté, à Sainte-Marie, la mortalité annuelle, de 1855 à 1859, varia de 225 à 254 sur 1,000 ; à Saint-Augustin en 1856, elle atteignit 441 sur 1,000. Sur l'Oyapock, à Saint-Georges, en 1853 et 1854, elle fut de 306 et de 216 sur 1,000. Enfin, à la Montagne d'Argent, près de l'embouchure de ce fleuve, de 1853 à 1856, la mortalité annuelle varia de 203 à 633 pour 1,000.

Après ces renseignements sur la mortalité si considérable des Européens dans la plupart des établissements de la Guyane, M. Orgeas en donne quelques autres également importants sur la fécondité et la natalité Il remarque « le nombre énorme de mariages stériles : 215 mariages stériles contre 203 féconds. » Il se croit « en droit d'affirmer qu'au Maroni les avortements ont été au moins aussi nombreux que les accouchements à terme. » Il constate que le nombre des mort-nés, que la mortinalité « a été presque deux fois plus forte qu'en France. » Il montre que sur 379 enfants nés vivants d'avril 1861 à janvier 1882, 238 soit 62.79 pour 100 avaient succombé à cette dernière date. Au Maroni, sur 353 enfants blancs nés-vivants, 117, soit 33.14 sur 100 meurent dans la 1re année. Sur 100 enfants 58.78 seulement parviennent à 2 ans, 41 à 5 ans, 31.97 à 10 ans. « Tous les enfants qui ont survécu... sont frappés de dégénérescence physique,... beaucoup moins sensible chez les filles que chez les garçons. Cinq filles nées au Maroni sont mariées depuis plusieurs années et une seule d'entre elles a eu des enfants. » « La race blanche, représentée par les transportés colons du Maroni, vivant à la Guyane en cultivant le sol, est éteinte dès la première génération. Si parmi les filles nées au Maroni, qui sont parvenues à l'âge nubile, quelques-unes sont encore en état d'avoir des enfants,... ce ne peut être en s'alliant aux enfants mâles nés comme elles au Maroni, car aucun de ces derniers n'est et ne sera apte à reproduire son espèce... L'extinction finale de la race s'est opérée par suite de l'absence d'élément mâle apte à la procréation. »

Quant aux unions croisées entre européens et négresses ou femmes galibis, unions exceptionnelles au Maroni, elles sembleraient également avoir présenté une fécondité fort limitée. 5 mariages de ce genre n'auraient donné qu'un seul enfant vivant, métis d'européen et de galibi. (1)

Les données précédentes sur nos compatriotes de nos colonies bien que très incomplètes, suffisent néanmoins pour montrer que les conditions démographiques y sont notablement différentes de celles observées en France, et surtout sont très différentes d'une colonie à l'autre.

Si actuellement encore une de nos anciennes colonies, le Canada, témoigne de la remarquable prospérité démogra-

(1) J. Orgeas : *De la colonisation de la Guyane par la transportation*, p. 29, 32, 34, 41, 48, 76, 90, 92, 100, 103, 104, 118, 121. Paris, 1883.

phique de nos compatriotes fixés sous un climat de mêmes latitudes que le nôtre, en montrant que d'environ 70,000 en 1761 la population française s'y est élevée au nombre quinze fois plus considérable de 1,082,940 en 1870; il faut reconnaître que dans la plupart de nos colonies, situées en pays chauds, la mortalité est généralement plus élevée que dans la mère-patrie. Mais elle l'est d'autant moins que nos émigrés viennent de nos départements plus méridionaux, anciennement peuplés d'Aquitains, de Basques et de Ligures.

Dans certaines colonies, en particulier en Algérie, la mortalité, quoique plus élevée qu'en France, se trouvant plus que compensée par une natalité beaucoup plus élevée, n'empêche pas un accroissement notable de la population. Dans ces colonies, les premiers arrivants payent un lourd tribut mortuaire, surtout lorsqu'ils veulent cultiver le sol, mais les survivants, leurs descendants, et les immigrants venus ultérieurement y vivent même en travaillant la terre, et s'y perpétuent dans des conditions de plus en plus prospères.

Dans d'autres colonies, la mortalité de nos compatriotes, beaucoup plus élevée qu'en France, ne semble plus être toujours compensée par la natalité. Est-ce à cette faible natalité, est-ce à l'émigration, difficile à évaluer, que l'on doit attribuer la décroissance de la population blanche de la Martinique, de la Guadeloupe? Dans ces colonies les Européens peuvent y vivre, sans pouvoir toutefois le plus souvent se livrer eux mêmes au travail de la terre. Eux et leurs descendants s'y perpétuent difficilement durant quelques générations, mais surtout en s'unissant aux Européens plus récemment immigrés, ou en se croisant avec des habitants appartenant aux races colorées des pays chauds. Ces colonies, ainsi qu'on les désigne officiellement, sont bien des colonies de culture, mais dont la culture peut être dirigée, mais non faite par les Européens. Il leur faut des habitants de races colorées pouvant cultiver sous leur direction. A la Martinique et à la Guadeloupe, ces habitants de races colorées sont approximativement 15 fois plus nombreux que les blancs. Mais ils sont insuffisamment sollicités par les profits ou avantages qu'ils retirent de leur travail, ou des produits agricoles, et l'on a recours à des immigrants, également de races colorées, pour cultiver les terres.

Enfin, dans d'autres colonies, au Sénégal, à la Guyane, les Européens ne peuveut y résider que passagèrement. Leur mortalité est énorme ; leur natalité très minime. Cependant quelques localités, assainies par les brises de mer, comme l'ile de Gorée, comme Cayenne, les iles du Salut, s'y montrent relativement salubres. En général dans ces colonies, les blancs ne peuvent y perpétuer leur race. Leurs femmes mènent difficilement à terme leur gestation. Leurs peu nombreux enfants y présentent une mortalité excessive, et ceux qui, exceptionnellement arrivent à l'âge adulte, jouissent d'une fécondité limitée, ou restent inféconds. Si dans ces colonies les blancs s'unissent aux femmes indigènes, ils donnent naissance à des métis, qui eux mêmes paraissent jouir d'une assez faible fécondité pour ne pouvoir pas se perpétuer durant un grand nombre de générations. Dans ces colonies, d'où ils sont obligés de se rapatrier de temps en temps ou définitivement, les blancs, non seulement ne peuvent cultiver le sol, mais trop souvent ils s'exposent à une grande morbidité, à une grande mortalité quand ils s'éloignent de quelques localités habitées, relativement salubres.

Nos marins, nos militaires, appelés à résider, à faire des expéditions dans les régions les plus insalubres pour maintenir l'autorité de la mère-patrie, trop souvent succombent en grand nombre. Aussi, de plus en plus, laissant le commandement à quelques officiers européens, est-on amené à recruter les soldats parmi les indigènes ou parmi d'autres habitants de pays chauds. Dans ces colonies, nos nationaux ne peuvent guère y faire que le commerce, soit directement avec les indigènes leur apportant leurs marchandises, soit surtout par l'intermédiaire des métis, qui participant plus ou moins de l'immunité morbide dont jouissent les indigènes, peuvent sans danger parcourir le pays. Dans la colonisation ou plutôt dans le développement commercial de ces colonies, le rôle de ces métis est donc de grande importance. Malheureusement ils semblent d'autant moins nombreux, leur fécondité semble d'autant plus limitée que ces colonies sont plus insalubres pour les Européens, dont ils descendent

Ainsi donc, au point de vue démographique, toutes colonies, qu'elles soient salubres ou insalubres, en créant des débouchés, des occupations, favorisent, dans la mère-patrie, la natalité, qui peut largement compenser les vides laissés par l'éloignement des émigrants. En développant les relations lointaines, en multipliant les importations, ces colonies améliorent le bien-être, et conséquemment les conditions biologiques de la population générale.

Mais les conditions sanitaires des marins, des soldats que la France envoie dans ces colonies, les conditions démographiques des colons qui d'eux mêmes vont s'y établir, celles des déportés qu'on y transporte sont très différentes suivant les colonies. Dans les unes, véritables colonies de peuplement, les immigrés vivent, se perpétuent, prospèrent. Dans les autres, colonies d'exploitation, simples comptoirs de commerce, les immigrés trop souvent ne peuvent résider, même passagèrement, sans compromettre leur santé, voire même leur existence.

Orléans. — Imp. Paul Colas.

www.ingramcontent.com/pod-product-compliance
Lightning Source LLC
LaVergne TN
LVHW020426230826
846091LV00004B/1417
9782013588843